구멍난 벼루

김정희와 허련의 그림 이야기

구멍 난 벼루

배유안 글 · 서영아 그림
전국초등사회교과모임 감수
서울대 뿌리깊은 역사나무 추천

차례

담장 위에 고양이 6

구멍 난 벼루 20

스승의 문 47

제자의 길 65

눈서리에 소나무 88

마고할미의 손톱 102

세한도　118

산을 품은 부채　133

깊이 보는 역사 - 그림 이야기　143

작가의 말　152

참고한 책　154

담장 위에 고양이

살랑, 서늘한 바람 한 줄기가 뺨을 스쳤다.

"어이, 시원하구나."

대청마루에서 먹을 갈던 허련 영감이 고개를 들었다. 따가운 여름 햇살이 야트막한 담장을 한껏 달구고 있었다. 햇살은 담장을 넘고 마당을 지나 마루까지 치고 들어와 허련 영감의 눈을 인정사정없이 찔렀다.

"눈이 이리 시려서야, 원."

허련 영감은 눈을 꾹 감았다 떴다. 찔끔 비어져 나온 눈물을 스윽 닦고 보니 담장 위에 고양이 한 마리가 오도카니 앉아 있었다. 흰색 털이 반지르르한 게 사람으로 치면 인물깨나 하는 놈이었다.

"담장이 뜨거울 텐데…… 어느 집 고양이인고?"

고양이는 꼼짝도 않고 허련 영감과 눈을 맞추었다.

"어허, 방자한 놈이로고."

허련 영감은 고양이를 향해 눈을 부라렸다. 고양이는 전혀 개의치 않고 허련 영감을 뚫어져라 보았다. 심지어 여유 있게 꼬리를 한번 들었다 놓기까지 했다. 이런, 한낱 미물에게서 놀림받은 기분이었다. 허련 영감은 어허이, 하고 호통을 치려다가 멈칫했다. 이제 보니 어디서 본 듯도 한 놈이었다.

"가만 있자, 너는……."

고양이는 허련 영감에게서 눈을 떼지 않은 채 한 번 더 꼬리를 올렸다 내렸다. 요것 봐라, 하던 허련 영감은 슬그머니 먹을 놓고 일어섰다. 가볍게 감았다 뜰 때의 무심한 듯 도도하고 순한 듯 강한 눈빛 때문이었다. 낯설지 않았다. 분명 아는 눈빛이었다.

"어디서 어떻게 본 눈빛이던고?"

허련 영감은 잠시 기억을 더듬다가 이내 고개를 내저었다.

"고양이 눈빛이 거기서 거기지. 무슨……."

다시 마루에 앉으려던 허련 영감은 '아!' 했다.

"모질도……."

〈모질도〉의 고양이를 닮았다! 스승인 추사 김정희 선생이 유배길에 그린 고양이 그림. 잠시 쉴 때 주변을 얼쩡거리던 고양이를 보고 한 획으로 내쳐 그린 그림이었다. 분명 그 고양이였다. 담장 위 저놈의 조롱하는 듯 여유로운 눈빛이 바로 그 그림 속의 고양이를 쏙 빼닮았다. 갑자기 가슴이 뛰었다. 허련 영감은 자기도 모르게 마당으로 내려섰다.

열다섯 해 전 여름, 당쟁에 휘말린 추사 선생은 예순여섯 나이에 함경도 북청으로 또다시 유배를 떠났다. 팔 년간의 제주도 유배에서 풀려난 지 삼 년도 채 못 된 때였다. 어려서부터 뛰어난 재주를 보여 중년에 이르자 글씨와 그림으로 조선에 따를 자가 없다는 명성을 누리던 추사 선생이었으나 거푸 시련을 맞아 비통함이 이루 말할 수 없었다.

그 참담한 유배길에 잠시 쉬고 있을 때였다. 추사 선생 앞으로 고양이 한 마리가 휙 지나가더니 저만치 담장 위에 올라앉았다. 눈알을 말똥말똥 굴리는 고양이를 한참 보고 있던 추사 선생은 봇짐에서 벼루와 먹을 꺼냈다. 쓱쓱, 거친 붓질로 순식간에 고양이 한 마리를 그려 놓고는 〈모질도〉라고 제목을 써 넣었다. 〈모질도〉란 원래 고양이와 나비를 함께 그려 장수를 기원하는 그림이었다. 고양이는 일흔 살, 나비는 여든 살을 상징했다. 그런데 추사 선생은 고양이 한 마리만 달랑 그려 놓고 〈모질도〉라고 했다. 나비 없는 모질도라니. 게다가 그림 속의 고양이는 눈이 맑고 형형하여 늙었거나 주눅 든 기색이 전혀 없었다.

마침 추사 선생의 막역한 동갑내기 벗 초의 선사가 공들여 만든 차를 가져왔다. 초의 선사는 승려이면서 조선 최고의 지식인이자 차의 대가였다. 해남에 차나무를 가꾸어 직접 찻잎을 따고 덖어서 차를 만들었는데 그 차 맛이 대단해 다들 탐냈다. 초의 선사는 늘그막의 벗에게 닥친 불운을 안타까이 여기며 자신이 만든 차를 말없이 우려 건넸다. 추사 선생은 벗이 주는 차 향기를 오래도록 음미하고는 조금 전에 그린 고양이 그림을 초의 선사에게 내밀었다.

'나비도 없이 모질도라 하는가?'

그림을 한참 들여다본 초의 선사의 눈빛이 이랬다.

'나비 그려 넣을 시간은 나중에 충분히 있을 것이니 걱정 마시게.'

의문 가득한 초의 선사의 눈을 읽은 추사 선생의 눈빛은 그랬다. 두 사람은 눈빛으로 긴 대화를 나누었다.

'스승님은 연이은 유배에도 자신의 기상을 흩뜨리지 않겠다는 의지를 고양이를 통해 표현한 것이야.'

두 사람을 보는 허련 영감, 그때까지만 해도 젊은 화가였던 허련의 눈빛은 그랬다. 허련 영감은 그날의 추사 선생과 초의 선사를 떠올리며 마음이 아련해졌다. 이내 눈시울까지 시큰해 와서 눈두덩을 꾹꾹 눌렀다. 추사 선생은 이제 세상에 없고 초의 선사는 기력이 쇠진하여 병석에 있었다.

고양이가 스르르 몸을 일으키더니 순식간에 담장을 넘어가 버렸다. 허련 영감은 벌떡 일어나 담장 밖으로 따라 나갔다. 그새 고양이는 흔적이 없었다.

"어디로 갔나?"

허련 영감은 오른쪽으로 몇 발짝, 왼쪽으로 몇 발짝 왔다 갔다 하다가 실없다 싶어 그만두었다. 집 앞에 있는 연못을 건너서 아까와 같은 부드러운 바람이 살랑살랑 불어왔다. 바람결에 흔들린 수면이 은비늘처럼 햇살에 반짝거렸다. 허련 영감은 문득 자신이 버선발인 것을 깨달았다.

"이 무슨 망발인가? 지나가던 고양이 한 마리를 가지고, 어허!"

허련 영감은 헛웃음을 흘리며 마당으로 들어왔다. 마당이랄 것도 없는 게 대문 없이 그냥 한쪽에 진흙과 짚을 짓이겨 열 자 남짓 야트막한 담장을 둘러놓았을 뿐, 나머지는 훤히 틔어 있는 집이었다. 집 앞으로 제법 넓게 파 놓은 연못이 마루에 앉아서도 잘 보이게 한 것이었다. 연못 한가운데 작은 섬을 만들어 놓고 그 안에 배롱나무 한 그루를 심었더니 제법 실하게 자랐다. 지금은 제철을 맞아 붉은 꽃이 한창이었다. 허련 영감은 마루에 걸터앉아 버선의 흙을 털었다.

"할아버지!"

갑자기 낭랑한 아이 목소리가 들렸다. 놀라서 고개를 드니 담장 끝에 사내아이 하나가 오도카니 서 있었다. 예닐곱이나 되었나? 눈망울이 초롱초롱했다.

"누구던고?"

전혀 못 보던 아이였다. 하긴 마을에 새로 태어나 자라고 있는 아이들을 허련 영감이 일일이 다 알 수는 없는 노릇이었다. 젊은 날부터 삼십여 년을 이리저리 떠돌아다니느라 고향에 머문 게 반도 안 되었다.

십 년 전, 추사 선생이 세상을 뜨자 온몸에 맥이 빠져버린 허련 영감은 고향 진도로 돌아와 이 집을 지었다. 시골에 파묻혀 그림이나 그리며 살겠다고 작정했으나 평생 떠돌던 습관에 눅진하게 들어앉아 있기가 쉽지 않았다. 헛헛한 마음을 잡지 못하고 여기저기로 나가 있는 때가 더 많았다. 이제는 정말로 느긋하게 머물며 후학들도 키우리라 작정하

고 돌아온 것이 겨우 지난달이었다.

 사내아이가 주저 없이 마당 안으로 들어섰다. 허련 영감은 조금 전 버선발로 뛰어나갔던 경망스런 모습을 들켰나 싶어 슬그머니 다리를 마루 위로 올렸다.

 "누군고?"

 아이는 대답은 않고 곧장 다그치듯 물었다.

"할아버지, 나비 못 보셨어요?"
"나비?"
"예, 나비요."
"글쎄다. 나비는 꽃 따라 놀지. 저기 저 꽃밭으로 가 보아라."
"거기도 없어요. 아우, 나비 찾아야 하는데."

허련 영감은 투정하듯 나비, 나비 하는 아이를 보며 잠시 멍했다. 뜬금없이 나타난 고양이에다 나비 찾는 아이까지.

'우연이라기엔 참…….'

"나비가 없지 않습니까?"

그날, 추사 선생의 〈모질도〉를 보고 허련이 그렇게 물었다. 추사 선생은 잠시 뜸을 들였다가 혼잣말처럼 흘렸다.

"나비는 나비 이전에 애벌레였던 기억을 모두 벗어던지고 훨훨 날지."

그 말을 듣고서야 허련은 추사 선생이 나비를 그릴 수 없었다는 것을 깨달았다. 실수로 놓친 게 아니었다.

'아직은 벗어던질 수 없다는 말씀이구나.'

추사 선생은 진흙탕 같은 정치 싸움 속에서도 세상에 대한 미련과 욕구를 다 털어 버릴 수 없었던 것이었다. 그래도 굳이 제목을 〈모질도〉라고 한 것은 언젠가는 꼭 훨훨 날아오르는 나비를 그려 넣고 싶다는 표현이었다. 추사 선생은 아직은 훨훨 날아오를 수 없는 나비였다. 그래서 허련은 그 〈모질도〉가 미완성의 그림이라고 생각했다.

"어? 할아버지, 그림 그리세요?"
아이의 명랑한 목소리가 옛 생각에 빠져든 허련 영감을 깨웠다. 아이가 그림 도구들을 기웃거리며 거푸 물었다.
"뭘 그리시는데요?"
"글쎄다. 그냥 먹이라도 갈아 볼까 하고 꺼내 보았다."
허련 영감은 벼루 앞에 자리 잡고 앉아 아까 급히 일어나느라 나동그라진 먹을 챙겼다.
"저건 뭐예요?"
아이가 어느새 마루로 올라와 있었다.
"뭐 말이냐?"
"저기 책상 위에 있는 거요."
허련 영감은 아이가 가리키는 곳을 보았다. 열린 방문으로 낮은 탁자가 보이고 그 위에 벼루 하나가 있었다. 아이는 벌써 방문 앞에 붙어 섰다.
"벼루 아니냐?"
"벼루요?"

아이는 기어코 방 안으로 발을 들여놓았다. 허련 영감은 맹랑한 녀석이군, 하면서도 야단치지는 않았다. 시골 아이들이야 원래 이웃집도 제 집인 양 들락거리는 법이니까.

"근데 왜 구멍이 났어요?"

아이가 벼루를 들더니 가운데에 뚫린 구멍에 손가락 두 개를 쑥 밀어 넣었다.

"어허잇!"

허련 영감이 깜짝 놀라 방으로 뛰어들며 소리쳤다. 어린아이라고 봐주는 데도 한계가 있지, 정도가 심한 게 아닌가? 아이가 재빨리 몸을 피해 마루로 나갔다. 벼루를 손에 든 채였다.

"네 이놈!"

허련 영감이 다가서며 손을 뻗었다.

"히힛, 재미있다."

아이가 벼루 구멍에 손가락을 꽂아 빙글빙글 돌렸다.

"저, 저런!"

허련 영감은 가슴이 철렁했다. 당장이라도 벼루가 휙 날아 바닥에 내동댕이쳐질 것 같았다. 한술 더 떠 아이가 벼루를 돌리며 마당으로 풀쩍 뛰어내렸다. 허련 영감은 아찔하여 눈을 질끈 감았다. 이내 눈을 뜨니 어느새 아이가 마당을 지나 담장 위에 척하니 걸터앉아 있었다.

"당장 가져오지 못해? 그게 어떤 벼루인 줄 알고 감히 그리 다루느냐?"

"구멍 난 벼루잖아요. 이제 먹도 못 갈겠네."

　허련 영감이 담장 아래 다가섰다. 아이의 두 다리가 허련 영감 눈앞에서 달랑거렸다.

"얼른 내려오너라. 벼루를 이리 다오."

"이거 소중한 거예요?"

"그래, 그러니까 얼른 이리 다오."

"나비 그려 주세요."

"뭐?"

　아이는 또 나비 타령이었다. 참으로 대책 없는 녀석이었다.

"그림 그리신다면서요? 나비 그려 주세요."

　허련 영감은 화가 버럭 나는 걸 꾹 눌러 참았다. 우선은 벼루를 지켜야 했다.

"그래, 그려 주마. 그러니까……."

　허련 영감이 말을 끝내기도 전에 아이가 풀쩍 뛰어내렸다. 허련 영감은 또 한 번 아찔해하며 한 걸음 물러섰다. 다행히 벼루는 아이 손에 안전하게 들려 있었다. 허련 영감이 손을 내밀자 아이가 순순히 돌려주었다. 허련 영감은 후, 숨을 내쉬며 벼루를 어루만졌다.

"도대체 너는 어느 집 아이인데 이렇게 버르장머리가 없느냐?"

　허련 영감이 눈을 부릅뜨자 아이가 입을 삐죽하더니 조용해졌다. 그러나 잠시뿐, 아이는 다시 허련 영감에게 따지듯이 물었다.

"쓰지도 못하는 건데 뭐가 소중해요?"

허련 영감은 방으로 들어가 벼루를 제자리에 놓았다. 돌아서니 아이가 뒤따라 들어와 있었다. 입은 불만으로 쑥 나왔고, 눈은 그게 뭐 그리 중요하냐고 묻고 있었다.

"내 스승님의 물건이다."

"스승님요?"

먹을 갈고 갈아 마침내 바닥이 뚫려 버린 벼루, 그것은 추사 김정희 선생의 유품이었다. 사십 년 동안 열 개 이상의 벼루에 구멍을 냈다던 추사 선생. 이건 몇 번째 벼루던가? 뜻대로 되지 않아 마음이 흐트러질 때마다, 한양 귀족 자제들 사이에서 오기가 솟을 때마다 젊은 허련은 이 구멍 난 벼루를 노려보며 입술을 깨물었다. 허련 영감이 한양과 지방의 그림 애호가들로부터, 심지어 임금과 대원군에게까지 인정받는 화가가 된 것은 어찌 보면 다 이 벼루 덕분이었다. 그런 걸 이 철딱서니 없는 아이가 자칫 동강을 낼 뻔했다. 다시 화가 치밀어 오르려는데 아이가 물었다.

"그런데 왜 구멍이 났어요?"

상대방의 기분엔 아랑곳없이 천연덕스럽게 물어 대는 게 정말이지 어이가 없었다. 하지만 벼루에 대한 이야기라 허련 영감은 화를 가라앉혔다.

"구멍이 왜 났겠느냐? 하도 먹을 갈아 대서 그런 게지."

"헤에. 할아버지가요?"

아이가 헤벌쭉 웃었다.

"아니, 내 스승님이."

"아아, 스승님. 그럼, 할아버지는 지금도 스승님한테 배워요?"

허련 영감은 '아니, 오래전에 돌아가셨지.'라고 하려다가 입을 다물었다. 아이가 물은 건 스승님이 죽었느냐가 아니라 지금도 배우느냐는 것이었다. 아이가 대답을 재촉하며 까만 눈망울을 굴렸다.

"그래, 지금도 배우고 있지."

그렇게 말하고 나니 허련 영감은 자기가 대답을 썩 잘했다는 생각이 들었다.

"언제부터 배웠는데요?"

아이는 아예 허련 영감 앞에 퍼질러 앉았다. 참말이지 주눅 한번 좋은 놈이었다.

"흐음……."

허련 영감은 아이가 그렇게 물어 주어서 좋았다. 남은 화까지 풀리는 듯했다. 눈을 지그시 감으니 그림이 그리고 싶어 안달을 하던 젊은 날의 자신, 허련의 모습이 떠올랐다.

구멍 난 벼루

"이런 돌을 어디서 보았는고?"

미간에 주름을 잔뜩 세운 추사 선생이 물었다. 탁자 위에 허련이 그린 묵화 한 점을 펴 놓은 채였다. 초의 선사가 써 준 편지를 들고 멀고 먼 길을 날듯이 달려와 도착한 한양 월성위궁* 사랑채, 당대 최고의 명성을 가진 추사 선생 앞에서 진도 청년 허련은 졸아들 대로 졸아들어 있었다. 허련이 겨우 대답했다.

"제 고향 진도에서 흔히 볼 수 있는 돌입니다."

조선 땅끝에서도 또 배를 타고 들어가야 하는 궁벽한 섬, 진도에 흔히 있는 투박한 돌의 질감을 표현하기 위해 허련이 몇 날 며칠 공을 들

---

* 조선의 제21대 임금인 영조가 둘째 딸 화순옹주와 결혼한 월성위 김한신(김정희의 증조부)을 위해 지어 준 집으로, 김정희가 물려받아 살았던 곳.

인 작품, 그 작품을 추사 선생이 눈앞에 놓고 추궁하듯 묻고 있었다.

"돌을 그리면서 이렇게 붓질한 것을 어디서 보았는고 말이다."

허련은 대답할 말을 못 찾고 머뭇거렸다. 도대체 뭘 묻고자 하는가? 붓질법인가, 본뜬 그림이 무어냐는 건가? 그런 거 없었다. 돌 빛이 진하고 촉감이 거칠어 그대로 표현하려 애쓴 것뿐이었다. 추사 선생은 더 기다리지 않았다.

"일전에 초의가 가져온 자네 그림을 보았네."

허련은 긴장이 살짝 풀렸다. 한양에 다녀온 초의 선사로부터 추사 선생이 허련의 그림을 보고 '이 사람을 한양에 데려오라'고 했다는 말을 전해 들었을 때 얼마나 감격했던가? 조선 땅끝까지 명성이 자자한 대가의 부름을 들었으니 허련이 땅을 헛디딜 정도로 흥분한 것도 무리가 아니었다. 몇 년간 초의 선사 문하에 들어가 학문을 익힌 것 말고는 그저 시골에서 붓질 좀 해 본 정도인 허련이 감히 한양길 떠나는 초의 선사에게 간곡하게 청한 결과치고는 뜻밖이었다.

"막역한 벗이라 하셨으니 추사 어르신께 한번만 보여 봐 주십시오."

몇 달 전, 행장을 꾸리는 초의 선사에게 허련이 그림을 내밀자 초의 선사는 놀란 눈빛 속에 흡족한 웃음을 슬쩍 감추었다. '한양 가면 추사를 만날 터인데……' 하는 말을 허련에게 여러 번 흘린 초의 선사였다. 허련은 그 말을 '욕심 좀 내보라'는 말로 제멋대로 해석하고는 내내 그림에 매달렸다. 결국 초의 선사의 한양길에 그림을 들려 보냈고, 돌아온 초의 선사로부터 '화법이 묘하고 그림이 품격을 갖추었다.'는 추사 선생

의 평을 전해 들었다. 그래서 부랴부랴 지금 이 멀고도 어려운 자리에 와 있는 것이었다.

"부족한 그림을 좋게 봐 주셔서 감격할 따름입니다."

추사가 목을 쑥 빼고 멀뚱히 허련을 건너다보았다.

"좋게라니? 잘못 전해 들었군."

"예?"

"그림의 모양새만 갖추었을 뿐, 견문이 좁아 제대로 그리지도 못한 것을."

허련은 얼굴이 확 붉어졌다.

"하지만 그림을 보시고 저더러 한양으로 오라고……."

"뭐? 허어 참! 감히 그림을 들려 보낼 배짱이 있는 자라면 얼굴이나 보게 아예 달고 오지 그랬나? 하고 말했을 뿐이네."

"예?"

그러니까 그까짓 그림을

감히 어디다 보아 달라고 했느냐는 말 아닌가? 허련은 얼굴뿐 아니라 온몸이 부끄러움으로 화끈거렸다. 한껏 부풀어서 달려왔는데 오라고 한 게 아니었다니, 초의 선사는 도대체 말을 어떻게 듣고 어떻게 전한 것인가? 멋모르고 들떠서 그 먼 길을 달려와 이 지경을 당하게 하다니, 허련은 정말이지 쥐구멍에라도 숨고 싶었다.

"그 사람 참!"

추사 선생은 몸을 옆으로 휙 돌려 앉으며 혀를 찼다. 초의 선사가 둘도 없는 벗이라더니 그런 것도 아닌 모양이었다.

"한 이틀 다리나 쉬었다가 돌아가게."

추사 선생은 밖에 있는 하인을 부르더니 사랑채에 방을 하나 내주라고 일렀다. 시골 화가 지망생 따위에게는 전혀 관심 없다는 표정이었다. 허련은 벌겋게 단 얼굴을 하인에게 들킬세라 고개도 못 들고 따라나섰다.

사랑채 뒤꼍에 있는 작은 방에 덩그러니 혼자 남게 되자 허련은 방이 꺼지도록 주저앉았다. 먼 길 왔으니 다리나 쉬고 가라고? 기가 막혔다. 하긴 이름조차 월성위궁인 이 큰 집에서 천릿길을 달려온 사람을 야박하게 바로 내쫓지는 않겠지. 추사 선생의 증조할아버지가 돌아가신 영조 대왕

의 사위이고, 이 집도 임금이 내려 준 것이라고 들었다.

 방문이 열리더니 하인이 이불 한 채를 넣어 주고 갔다. 한눈에도 정갈하게 매만진 이부자리였다. 문이 탁 소리 나게 닫히자 온몸에 힘이 쑥 빠졌다. 허련은 생각을 가다듬어 보았다. 어디서부터 잘못되었나? 몇 번을 생각해도 초의 선사가 전한 말은 분명 이랬다.

 "그림의 품격을 다 갖추었으나 견문이 좁아 그림 솜씨를 마음대로 발휘하지 못하고 있군. 하루라도 빨리 한양으로 오게 하여 안목을 넓히라 하게. 아예 함께 오지 그랬나?"

그러니 초의 선사가 얼른 한양으로 길을 나서라고 편지까지 써 주며 독촉을 한 게 아닌가?

'초의 선사의 편지에는 뭐라고 씌어 있었을까?'

감히 편지를 보자고 할 수도 없으니 허련은 갑갑하기 이를 데 없었다. 쉬었다 가라고 했으니 편지 내용은커녕 얼굴이나 다시 마주할 수 있을지도 의문이었다. 허련은 속이 터질 것 같아 주먹으로 방바닥을 쾅 내리쳤다. 얼얼한 주먹을 싸안고 앉아 있는데 문득 들창으로 나뭇가지가 보였다.

허련은 창가로 다가가 내다보았다. 긴 담을 따라 꽤 오래 자랐음직한 오동나무가 당당하게 서 있고 매화나무, 감나무도 있었다. 한쪽에는 수국이며 모란 등 화초들이 잘 가꾸어져 있었다. 어리연꽃이 자라고 있는 큰 연못 주변으로 갖가지 꽃이 만발한 큰 사랑채의 넓은 뜰에 비할 바는 못 되지만 작아도 매우 격조 있는 뜰이었다. 하긴 명색이 궁 아닌가? 이름에 걸맞은 집임에 틀림없었다. 이런 집에 방을 얻어 며칠 쉬었다 가는 것만도 허련에게는 분에 넘치는 일이긴 했다.

추사 김정희라면 당대 최고의 학자이자 화가이자 서예가였다. 스물네 살에 부친을 따라 청나라에 들어가 최고 수준의 학문을 접하고 온 이후, 청나라의 대학자, 문인들과 교유하며 그림과 글씨는 물론, 비석의 글씨체를 연구하는 금석학에다 역사, 불경 등에 능통하여 가히 조선 최고의 지성이라 할 수 있는 사람이었다. 그런 사람의 사랑채에서 궁벽한 시골의 이름 없는 화가 지망생인 허련이 방 하나를 차지하고 뜰을 내다

보고 있으니 영광이 아닐 수 없었다. 하지만 다리쉼이나 하고 돌아갈 거면 그게 허련에게 무슨 소용이 있나? 명문가의 집 규모나 정원 따위를 보자고 이토록 먼 길을 달려온 것은 아니었다. 초의 선사를 모시고 있던 대흥사를 떠날 때 감격에 겨워 들떴던 것을 생각하면 지금 이 처지는 억장이 무너지는 일이었다. 추사 선생의 사랑채에서 잠 이틀 잔다고 그림 실력이 확 좋아지거나 세상 사람들이 그림을 알아주기라도 한다면 모를까.

"으으윽!"

허련은 머리를 쥐어뜯었다. 으아아아, 하고 한 번 더 소리를 지르는데 갑자기 방문이 열렸다. 눈이 동그래진 하인이 무슨 일이냐고 물었다. 허련은 얼른 자세를 가다듬고 헛기침을 했다.

"기합을 좀 넣어 본 걸세."

하인이 얼떨떨한 표정으로 예에, 하며 문을 닫았다. 후우, 흐읍, 허련은 창피함이 가라앉을 때까지 한참 동안 심호흡을 했다. 그러고 보니 벽에 그림 하나가 걸려 있었다. 뒤로 멀찍이 울창한 나무로 둘러싸인 정원에서 선비들 여럿이 시회*를 열고 있는 그림, 구석에 찍힌 낙관을 보니 김홍도**의 작품이었다. 허련은 놀라서 그림에 다가갔다. 붓질 하나하나가 이루 말할 수 없이 섬세하고 아름다웠다. 과연 추사 선생의 집이었다. 나그네 방에 이런 그림을 걸어 놓다니.

---

* 시인이나 시의 애호가들이 시를 짓거나 시를 읊고, 감상하며 즐기는 모임.

** 조선 영·정조 때의 최고 화가(1745~?)로, 서민 위주의 삶을 담은 풍속화를 많이 그렸고, 인물화, 산수화, 기록화 등 다양한 그림을 그림.

허련은 방을 휘 둘러보았다. 잘 다듬어 만든 책상과 문갑이 적당한 자리에 놓여 있었다. 문갑 위에는 종이가 반듯하게 쌓여 있었고 벼루와 먹, 두꺼비 모양을 낸 연적, 붓 세 자루가 가지런히 정돈되어 있었다.

"이런!"

그냥 나그네 방이 아니었다. 격 있는 선비 손님을 위한 방이 분명했다. '집이나 정원 따위를 보자고⋯⋯'라고 했던 허련의 생각은 틀렸다. 이런 집이라면 그저 한 이틀 머물기만 해도 허련에게는 대단한 일임이 분명했다. 허련은 화가 다소 누그러졌다.

다음 날 아침, 허련은 정원에서 마주친 추사 선생에게 인사를 올렸다.

"차나 한잔하시게."

다행이었다. 박대를 하지 않아서. 허련은 황송한 마음으로 사랑채로 따라 들어갔다. 단순히 초의 선사에 대한 예우라 할지라도 또다시 추사 선생과 마주할 수 있어서 마음이 들떴다. 찻물이 혀끝에 닿았는데 맛은 먼 데서부터 퍼져 오는 듯했다. 초의 선사가 만든 차가 아니었다.

"연경에서 온 차라네. 차라는 게 자란 곳에 따라, 만드는 방법에 따라 맛이 달라지는 법이지."

초의 선사에게서도 듣던 말이었다. 우려내는 방법에 따라, 함께 마시는 사람에 따라 달라지기도 하는 게 차 맛이었다. 그래선지 차 맛은 낯설면서도 우아했다.

"머무는 동안 먹이라도 갈아 보고 가시게."

"예? 아, 예."

그게 정확히 무슨 말인가는 알 수 없었으나 일단 대답을 했다. 분명 호의가 느껴지는 말이었다. 그만 나가라는 듯 추사 선생이 책을 펼쳤다. 허련은 절을 하고 밖으로 나왔다. 화사하게 핀 모란이 지나가는 바람에 춤추듯 흔들렸다.

'먹이라도 갈아 보고 가라고?'

모란 꽃잎이 한 번 더 흔들렸다. 부귀를 뜻하는 꽃이었다.

'그림이라도 그리라는 뜻인가? 그런 건가?'

허련은 우물에 가서 물을 떠 방으로 돌아왔다. 벼루에 물을 채우니 그림에 대한 의욕이 일었다. 벼루에 먹을 넣어 빙빙 돌리자 말간 물이 점점 검어졌다. 허련은 완전히 검어진 먹을 가만히 내려다보았다.

'그래, 추사 선생의 사랑채에서 그림 하나 그려 보고 가는 것도 나쁘진 않겠지.'

허련은 종이를 가져와 깔았다. 한참 동안 눈을 감고 있다가 심호흡을 하면서 눈을 떴다. 붓을 들고 듬뿍 먹을 묻혔다. 붓에서 뚝뚝 먹물이 떨어지다가 천천히 멈추었다. 한참을 더 있다가 허련은 종이에 붓을 찍었다.

점심상을 들고 온 하인이 조용히 상을 들여놓고 나갔다. 이미 모란 두 송이가 화사하게 피어나 있었다. 점심을 먹고 몸이나 풀까 하고 밖으로 나오니 큰 사랑채 쪽에서 사람 말소리가 들렸다. 하나가 아니고 여럿이었다.

허련은 옷매무새를 단정히 하고 나가서 작은 뜰 가운데에 섰다. 큰

사랑채의 마루가 비스듬히 보였다. 방문이 활짝 열려 있어 자세히는 아니어도 말소리가 들렸다. 적어도 서너 명이 주거니 받거니 그림 이야기를 하고 있었다. 심사정, 정선…… 허련이 아는 이름이 나와서 귀를 더 쫑긋했다. 누군가가 그림을 그리고 누군가가 시를 읊조리는 것 같았다.

'견문…….'

추사 선생은 허련이 견문이 부족해 제대로 그리지를 못한다고 했다. 허련은 그 말뜻을 생각하고 가슴이 쓰렸다. 사랑채에서 왁자한 웃음이 터지더니 말들이 왔다 갔다 했다.

나무 꼬챙이로 마당에 낙서 삼아 그림을 그리던 어린 자신의 모습이 떠올랐다. 진도의 시골 소년이 그림 그리기에 흥미를 가지게 되었으나 배울 데가 없었다. 집안의 누구도 그림을 그리기는커녕 그림을 아는 사람도 없었다. 그나마 숙부가 허련이 그림 비슷한 것을 그리는 것을 보고 감탄을 하며 『오륜행실도』의 삽화 그림을 보여 준 게 전부였다.

오랫동안 그림과 학문에 대해 목말라 하던 허련은 진도에서 멀지 않은 해남 대흥사의 초의 선사 문하에 들어갔다. 무작정 절에 머물며 곁을 맴돌다가 마침내 문하에 들 수가 있었다. 거기서 삼 년 넘게 시학, 불경, 그림과 글씨 등을 공부하며 시와 문장의 맛을 알게 되었다. 학문의 세계는 실로 놀라웠다. 세상은 더 크고 넓고 아름다웠다.

그뿐인가? 대흥사에 머물던 어느 날, 허련은 초의 선사로부터 해남에 있는 윤선도* 집안의 장손을 소개받았다. 시와 그림의 대가들을 배출

---

* 조선 중기의 문신이자 시조 작가(1587~1671)로, 최초로 한시에 우리말을 도입한 명문장가임.

한 부유한 명문 집안이었다. 윤씨 집안의 고택인 녹우당을 방문한 허련은 운 좋게도 그 집안의 화가인 윤두서*의 『공재화첩』을 빌릴 수 있었다. 허련의 열정과 갈망을 본 장손이 흔쾌히 내어 준 것이었다. 허련은 그걸 보고 비로소 그림 그리는 데에는 법이 있음을 알게 되었다. 새로운 세상을 만난 허련은 먹고 자는 것을 잊을 정도로 『공재화첩』의 그림을 베껴 그리며 붓질의 이치를 깨쳤다. 허련이 그린 그림을 보고 초의 선사가 고개를 끄덕인 게 얼마였던가? 벗인 추사 선생에게 보이겠노라며 흔쾌히 허련의 그림을 받아 들고 가지 않았던가?

그런데, 그런데, 견문이 없어서 그림이 그림 같지 않단다. 저렇게 여러 사람들과 어울려 시든 그림이든 의견을 나누면 견문이 쌓이는가? 견문이 넓어지는가?

허련은 쓰린 마음으로 방으로 들어갔다. 다시 김홍도의 그림을 찬찬히 뜯어보았다. 저기 저 시회를 하고 있는 선비들은 얼마나 많은 작품들을 보고 들으며 쓰고 그리는가? 허련은 한참동안 무언지 모를 문제에 무언지 모를 답을 기다리는 심정으로 꼼짝 않고 앉아 있었다. 얼마나 시간이 흘렀는지 밖으로 나오니 어스름께였다. 하인이 걸레를 들고 큰 사랑채를 들락거리고 있었.

"뭐하는가?"

"청소합니다."

"추사 어르신께서는 안 계시는가?"

---

* 조선 후기의 서화가(1668~1715)로, 평생 동안 그림과 글씨, 시를 즐기며 삶.

"출타하셨소."

먹물이 묻은 종이를 한 아름 들고 나오면서 하인이 무뚝뚝하게 대답했다. 허련은 마루로 성큼 올라서며 말했다.

"정리할 게 많은 모양인데 내가 좀 돕겠네."

하인이 우물쭈물했다. 나그네를 주인 없는 방에 들이기가 주저되는 모양이었다.

"나는 초의 선사의 제자네. 그분의 편지를 들고 온 사람이라네."

"그야 알고 있습죠."

초의 선사를 들먹이자 대번에 하인의 표정이 풀어졌다. 추사 선생 집에서 초의 선사의 위상이 대단하긴 한 모양이었다.

"서책 정리라도 거들겠네. 초의 선사 방에서도 늘 하던 일이니."

허련이 초의 선사를 한 번 더 들먹이며 방으로 들어서자 하인이 몸을 비켜 주었다.

추사 선생의 서재에는 엄청난 책과 화첩이 쌓여 있었다. 첫날과 어제 잠깐 보기는 했으나 두 번 다 워낙 좁아 있은 데다 오래 머물지도 않았다. 게다가 방을 둘러볼 엄두도 못 내고 그저 추사 선생만 향한 채 꼼짝 않고 있다가 물러 나왔다.

책상 위에 몇 권의 서책이 있었다. 왕희지˚, 이름만으로도 허련은 황홀했다. 홀린 듯이 보다가 다른 책을 들추었다. 나머지는 허련이 알지 못하고 들은 적도 없는 책들이었다.

˚ 중국 진(晉)나라의 서예가(307~365)로, 위진 남북조 시대를 대표하여 가장 위대한 서예가로 손꼽힘.

아침나절에 손님들과 나눠 본 것인지 책상 옆에 화첩과 두루마리가 놓여 있었다. 두루마리를 펴 본 허련은 눈이 휘둥그레졌다.

'아, 이게 바로……'

소문으로만 듣던, 중국 송나라 때의 위대한 시인 소동파*의 초상화였다. 삿갓을 쓰고 나막신을 신은 채 도포를 걷어올리고 있는 소동파, 그것은 소동파가 하이난 섬에 유배 중일 때 갑자기 내린 폭우 때문에 진흙탕을 피해 걷는 모습이라고 했다. 소동파의 이 초상화는 오늘날 때를 잘못 만나 시련을 겪는 위인의 고된 처지를 대변하는 그림이 되었다. 조선에서도 소동파는 누구나 존경하고 흠모하는 터라 그림 그리는 사람이면 다들 한번쯤은 그의 초상을 그리고 싶어 한다고 들었다. 허련은 난생처음 소동파의 초상화를 본 것에 감격했다. 그토록 궁금하고 보고 싶던 그림을 추사 선생의 서재에서 보게 되다니, 이것만으로도 머나먼 한양길이 헛된 것은 아니었다.

추사 선생의 서재는 그야말로 진귀한 보물로 가득한 곳이었다. 예전에 녹우당에서 윤두서의 『공재화첩』을 한 권 빌리고서도 얼마나 감격했던가?

'이곳에 있으면 이것들을 다 보겠구나.'

허련은 가슴이 설렜다. 허련도 그동안 시와 문장을 꽤 읽었다. 그런데 이곳 추사 선생의 서재만 해도 허련이 모르는 그림과 글이 대부분이었다. 그렇다면 세상에는 얼마나 더 많은 훌륭한 작품들이 있을까? 허

---

* 중국 북송 시대를 대표하는 문장가(1036~1101)로, 당송 팔대가의 한 사람. 대표작으로 「적벽부」를 들 수 있음.

련은 추사 선생이 말한 '견문'이라는 말을 다시금 떠올렸다.

　다음 날 아침, 허련은 괴나리봇짐을 싸는 대신 빗자루를 찾아 들었다. 하인보다 먼저 나가서 추사 선생의 사랑채 마당을 쓸었다. 하인이 세숫물을 들여가기 위해 사랑채의 방문을 열자 허련은 비질을 멈추고 흘깃 방 안을 기웃거려 보았다. 잘 보이지 않았지만 구태여 다가가 볼 것 없다 싶어 비질에 열중했다. 비질이 끝날 즈음 추사 선생이 집안용 의관을 반듯하게 차려 입고 밖으로 나왔다. 허련이 다가가 허리 굽혀 절을 했다.

　"내 사랑채는 아무나 얼씬거리는 곳이 아니네."

　댓돌로 내려서며 추사 선생이 말했다. 어제 서재 청소를 도운 것을 말하는지, 조금 전 방 안을 기웃거린 것을 말하는지 어쨌든 책망하는 말투였다. 어제 아침 차를 권하며 먹이라도 갈고 가라던 것에 비하면 차갑기 그지없었다. 허련은 '아무나'라는 말에 마음이 쓰렸지만 어쩔 수 없다고 생각했다.

　추사 선생은 뜰을 천천히 거닐었다. 허련은 주춤주춤 뒤를 따랐다. 추사 선생은

아는지 모르는지 가끔 허리를 굽혀 화초를 만지기도 하고 팔을 휘두르며 심호흡을 하기도 했다. 허련은 한참을 망설이다 말을 꺼냈다.

"초의 선사께서 편지에 뭐라고 쓰셨는지 알고 싶습니다."

돌아보는 추사 선생의 미간이 살짝 찌푸려졌다.

"어찌 사사로운 편지 내용을 알고자 하는가?"

"저를 어르신께 추천하는 내용이라고 알고 있습니다."

"초의가 그러던가? 자네를 나에게 추천한다고?"

추사 선생의 표정에 비웃음이 어렸다.

"그, 그건 아닙니다만."

허련은 당황하여 말까지 더듬었다.

"그런데?"

"저에게 들려 보낸 편지니까 당연히……."

추사 선생이 껄껄 웃었다.

"초의와 나는 무수히 편지를 주고받네만 모두 누군가에게 들려 보낸다네."

허련은 속으로 신음을 삼켰다. 그야 그렇겠지. 자기가 쓴 편지를 자기가 들고 가서 전하지는 않을 테니까. 그러고 보니, '이걸 추사에게 전하게.' 초의 선사는 단지 그렇게 말했을 뿐이었다. 허련은 할 말이 없었다. 추사 선생은 다시 몇 걸음 걷다가 선심 쓰듯 말했다.

"자네에 대해서는 일전에 보여 준 그림을 그린 허련이란 자에게 편지를 부친다는 말뿐이었네."

이런 낭패가 있나? 첫날에 이어 허련은 또 한 번 쥐구멍을 찾아야 할 처지가 되고 말았다.

추사 선생은 그대로 사랑채로 향했다. 허련은 사랑채 문 앞까지 따라가 추사 선생이 문을 닫을 새라 급히 말했다.

"멀리 조선 땅끝에서 왔으니, 며칠 더 머무르면서 어르신의 서재에서 책 몇 권, 그림 몇 장이라도 보고 가게 해 주십시오."

추사 선생이 돌아섰다.

"가당키나 한 소린가? 내 방의 물건은 아무나 함부로 봐도 되는 것들이 아니네."

또 '아무나'였다. 하지만 그걸 서운해할 여유가 없었다.

"견문이 부족해 그림이 안 된다 하시니 부디 견문의 부족함이라도 알고 가게 해 주십시오."

추사 선생이 물끄러미 허련을 보았다. 허련은 눈을 내려뜨고 기다렸다. 몸이 졸아드는 것 같았지만 아무려면 초의 선사가 보낸 사람을 아주 야멸치게야 대하겠냐는 배짱으로 앙버텼다. 그 먼 길을 와서 달랑 편지 한 장 건네주고 그냥 갈 수는 없는 일 아닌가 말이다.

"그러든지. 그걸 아는 데에 얼마나 걸린다고."

뒷말은 꼭 안 해도 될 것을, 얼굴은 온화해 보이는데 말은 왜 저리 차가운지. 어쨌든 얼마라도 더 머물 빌미가 생겼으니 허련은 일단 그것으로 됐다고 억지로 위안했다.

허련은 물을 떠서 방으로 돌아왔다. 한양으로 오는 동안 들떴던 마음이 새삼 화가 나기도 하고 부끄럽기도 했다. 허련은 화를 누르고 천천히 먹을 갈았다. 그림 몇 장을 그렸다. 먹물이 없어지면 다시 먹을 갈았다. 그림은 갈수록 기운이 없어졌다. 허련은 그리는 족족 성에 차지 않아 구겨 버렸다.

다음 날, 하인이 화첩 하나를 가져다주었다.

'그래도 영 냉정하지만은 않구나.'

허련이 화들짝 반기며 화첩을 받아 안는데 하인이 전했다.

"어르신께서 한나절이면 될 거라고 하셨습니다."

허련은 잠시 의아하다가 맥이 탁 풀렸다. 이 화첩을 보면 한나절 만에 자신이 얼마나 부족한지를 깨달을 거라는 말이 아닌가? 굳이 그렇게까지 말할 건 뭐 있나 하는 서운한 마음이 울컥 올라왔다. 영 대가답지 않은 태도가 아닌가 싶어 부아도 치밀었다.

허련은 애써 마음을 가라앉히고 화첩을 폈다. 처음 보는 중국 화가의 화첩이었다. 한 장 한 장 들추었다. 허련의 눈이 번쩍 뜨였다. 붓질이며 구도가 예사롭지 않았다. 거기다 그림이 뿜어내고 있는 분위기랄까, 이야기랄까 가슴을 설레게 하는 무엇이 있었다. 한나절까지 갈 것도 없었다. 그림에 대한 경이로움과 놀라움으로 자신에 대한 실망 따위는 할 여유도 없었다.

'이런 거구나, 그림이라는 게.'

허련은 그림 하나하나를 오래도록 보았다. 그림이 뭔가를 말하고 드러내고 있긴 하나 그게 무엇인지, 어떻게 말하고 있는 건

지는 알 수가 없었다. 안개가 뿌옇게 피어오르는 속에 뭔가가 있는 듯한데 그걸 느껴지게 하는 게 무엇인지, 보는 이의 마음을 움직이는 것이 무엇인지는 알 수가 없었다. 허련은 어제 자신이 그려서 구긴 종이를 펴 보았다. 짙고 옅은 먹선으로 바뀌며 나무의 형체를 이루고 있었다. 나무와 바위들이 어울려 풍경을 펼치고 있었다. 그뿐이었다. 딱 그뿐이었다.

허련은 화첩에 매달려 목마른 사람처럼 그림을 살폈다. 붓질법을 관찰하고 따라 해 보느라 얼마나 용을 썼던지 땀이 송골송골 맺혔다. 연습한 종이가 수북이 쌓였다.

다음 날 이른 아침, 허련은 또 추사 선생의 사랑채 마당을 쓸었다. 하인보다 먼저 일어나 비질을 하며 사랑채 문이 열리기를 기다렸다가 인사를 했다. 밖으로 나온 추사 선생은 한번 쓰윽 보고는 말을 붙일 새도 없이 사랑채를 빠져 나가 안채로 향했다. 무심한 등이었다.

허련은 종이를 반듯하게 펴 놓고 네 귀퉁이에 종이를 누르는 나무토막인 서진을 놓아 고정했다. 천천히 그림을 본떠 그리기 시작했다. 전날 연습한 붓질로 조심조심 나무 하나 이파리 하나를 재현했다. 허련은 추사 선생에게 홀대받은 모욕감을 잊기 위해서라도 그림에 열중하고 열중했다. 몇 날 며칠을 화첩의 그림을 연구하고 살피고 그리느라 밥상이 들어오는 것도 모를 정도였다.

아침마다 사랑채 마당을 쓸고 인사를 했지만 추사 선생은 허련의 인사를 성의 있게 받지도, 그만 돌아가라 내치지도 않았다. 허련은 더 머물기도, 돌아가기도 어정쩡한 채로 계속 머물렀다. 화첩을 두고 그냥 갈

수는 없었다. 책을 읽거나 그림을 베껴 그리는 동안은 불편한 처지인 것을 잊고 오로지 화첩의 황홀함에 젖어 들었다.

해가 기울 무렵, 허련은 뜰에 나와 긴장으로 굳은 팔을 휘휘 돌렸다. 좁은 뜰을 이리저리 걷고 있자니 큰 사랑채 쪽에 손님이 들었는지 호탕한 웃음소리가 들렸다. 허련은 큰 사랑채 쪽으로 몇 걸음 다가갔다.

넓은 대청마루에 허리를 꼿꼿이 세운 사람의 모습이 추사 선생의 몸에 가려 반만 보였다. 목소리며 말투가 아주 당당하게 들렸다. 저분이 누군가 싶어 딱 한 걸음 더 나아갔을 뿐인데 그만 손님과 눈이 마주치고 말았다. 허련은 얼결에 허리를 굽혀 인사를 했다. 손님이 누군가 묻는 듯하더니 추사 선생이 돌아보았다. 허련은 추사 선생에게도 허리를 굽혔다. 두 사람의 대화가 몇 마디 오가고 하인이 허련에게 다가왔다.

"추사 어르신께서 오라고 하십니다."

허련이 다가가는 동안 추사 선생이 살짝 자리를 돌려 앉았다.

"인사드리게. 좌의정 대감이시네."

"허련이라고 합니다."

"초의가 보낸 사람이라고?"

추사 선생이 곧장 고쳐 말했다.

"초의가 편지 심부름을 보낸 사람이라네."

"그래, 초의는 잘 계시는가?"

"예. 강건하십니다."

"초의가 만든 차는 조선 최고일세. 내가 그 차를 얻으려고 해마다 얼마나 공을 들이는지 아는가? 허허허."

그야 허련도 익히 아는 바였다. 초의 선사는 차에 대해서라면 재배하고 만들고 우려내고 마시는 법까지 공들여 연구하고 실험을 했다. 초의 선사의 높은 도가 차에서 나오지 않나 싶을 정도였다.

"예에, 차를 만드실 때에는 저도 늘 거들고 있습니다."

"오호, 그러한가?"

초의 선사에 대한 좌의정 대감의 관심 덕분에 허련의 입장이 한결 편해졌다. 추사 선생이 무심한 듯 말했다.

"며칠 쉬고 가랬더니 염치없이 보름이 넘도록 『백운산초화고』*를 본떠 그리고 있다네."

흠, 추사 선생은 허련이 하는 일을 훤히 알고 있었다.

"아니, 자네가 섭지선**이 보내 준 귀한 화첩을 저 사람에게 빌려줬단 말인가?"

추사 선생이 얼른 손을 내저었다.

"무슨, 여기 있는 화첩 중에서 귀하지 않은 게 어디 있는가?"

"그래도 그건 자네가 마르고 닳도록 보며 연구한 화첩 아닌가?"

허련은 어리둥절했다. 그게 추사 선생이 그토록 아끼는 거였나? 그런 걸 허련에게 빌려줬다고? 그럴 리가? 섭지선이 누구인지도 허련은 알지 못했다. 좌의정 대감이 허련을 유심히 보더니 덧붙였다.

---

* 중국 청나라 건륭 시대의 왕잠이 원나라 사람들의 글씨나 문장 쓰는 법을 모방하여 그린 화첩.
** 중국 청나라 최고의 학자(1779~1863)로, 김정희와 한 번도 만나지 않고 서신으로만 교류했던 옹방강의 제자.

"자네, 온 김에 먹이나 좀 갈아 주겠는가?"

뜻밖의 말에 허련은 깜짝하면서도 기뻤다. 먹을 간다는 것은 한자리에 앉아 두 어른이 나누는 이야기를 듣는 일이었다. 허련은 추사 선생이 뭐라고 제지하기 전에 얼른 예, 하며 마루로 올랐다. 좌의정 대감이 허련 쪽으로 벼루를 밀어 주며 말했다.

"단단하기로 소문난 단연 벼루일세. 이것도 언젠가 저 꼴이 나겠지만."

좌의정 대감의 눈이 가리키는 곳에 벼루가 하나 더 있었다. 그런데 가운데가 닳아서 뻥 뚫려 있었다.

"하하, 추사가 이 단단한 벼루를 여러 개 뚫어 먹었지. 어제 또 하나가 저 모양이 되었다는군."

벼루는 먹을 곱게 갈아 내어 먹물을 만들지만 자신은 잘 닳지 않는 돌이었다. 단단한 몸으로 먹의 살을 조금씩 발라내는 강한 돌덩이였다. 얼마나 먹을 갈았으면 저 야문 돌에 구멍이 날까? 더군다나 단연 벼루를! 허련은 경이로운 눈으로 추사 선생을 보았다.

추사 선생이 이번에도 무심한 듯 말했다.

"한 열 개쯤 구멍을 내 봐야 겨우 보이는 게 있지."

허련은 구멍 난 벼루를 들어 보았다. 손가락 하나가 들어갈 만큼의 구멍에 가장자리는 종잇장처럼 얇았다. 추사 선생이 말했다.

"그만 내려놓고 먹이나 갈게."

허련은 벼루를 손에서 놓을 수가 없었다. 치열한 연습. 이것이었나,

추사 선생의 글씨와 그림이 그토록 자자한 명성을 얻게 된 것이? 허련의 가슴이 뛰었다. 자신도 벼루에 구멍이 나도록 먹을 갈고 싶었다. 좌의정 대감이 싱글싱글 웃었다.

"하하, 이 젊은이가 저 구멍 난 벼루가 몹시 탐이 나는 모양일세."

탐낸다는 말이 탐내도 된다는 말로 들렸다. 허련은 욕심이 와락 생겼다. 무례인가도 싶지만 말이 난 참이었다.

"어르신, 이 벼루, 제가 가지면 안 되겠습니까?"

허련은 조심스럽게 추사 선생을 바라보았다. 추사 선생이 멈칫하더니 이내 무심한 듯 말했다.

"그러든지. 쓰지도 못할 것을."

좌의정 대감이 빙긋 웃었다.

허련은 한쪽에 구멍 난 벼루를 조심스레 내려놓고 한 번도 쓰지 않은 새 벼루에 물을 부었다. 검은 먹이 단연 벼루에서 쓱싹쓱싹 부드럽게 갈렸다. 두 사람은 소소한 이야기를 주거니 받거니 하면서 난을 쳤다. 누군가의 시구가 나오고, 누군가의 글씨체 이야기가 나오는 게 마치 해 뜨고 해 지는 것 마냥 자연스러웠다. 난초 이파리 하나를 쳐 놓고 한참 동안 먹의 농도며 뻗친 방향을 이야기하다가 다른 그림을 꺼내 놓고 또 한참 이야기를 나누었다. 그러다 누군가의 술버릇 이야기를 하며 박장대소를 하기도 했다. 허련은 어떻게든 여기에 눌러앉아야겠다는 생각이 들었다.

방으로 돌아온 허련은 사랑채 책상에 구멍 난 벼루를 올려놓았다.

'벼루에 구멍이 날 때까지 먹을 갈고 붓을 적시리라.'

허련 영감은 책상 위의 벼루를 가만히 바라보았다. 저 벼루가 바로 그때 그 벼루였다.

"얼마나 배웠느냐니까요!"

아이가 소리를 꽥 질렀다. 옛 생각에 잠겨 있던 허련 영감은 후다닥 정신이 들었다.

"이놈아, 귀청 떨어지겠다."

"헤에, 죄송해요. 근데 제가 열 번도 더

물었단 말이에요."

"아이고, 그러냐? 그렇다면 내가 미안하구나. 옛날 생각하느라고 그만. 에, 그러니까 꽤 오래 배웠지. 한 삼십 년?"

"우와, 정말 오랫동안 배우셨네요."

"그래."

허련 영감은 눈을 감았다. 스승을 처음 만난 지 벌써 삼십 년 가까이 되었다. 서른두 살에 만나 십팔 년을 스승으로 모셨다. 마흔아홉에 스승이 세상을 떠나고 그러고도 십 년이 더 흘렀다. 그러나 허련 영감에겐 아직도 추사 선생이 스승이었다. 지금도 배우고 있었다. 그러니 삼십 년이라고 해도 틀린 말은 아니었다. 허련 영감은 자신의 인생을 이끌어 준 스승이 새삼 그리웠다. 아이가 팔을 툭 치며 또 물었다.

"할아버지도 스승님한테 혼 많이 났어요?"

"혼?"

"예, 종아리도 맞았어요?"

종아리 이야기를 하면서 아이는 재미난 얼굴이었다. 상대가 어른이 아니라 숫제 제 동무인 줄 아는 투였다. 그게 밉지 않았다.

"음, 그래, 많이 맞았지."

"어쩌다가요?"

"든 것도 없이 잘난 척하다가."

아이가 이를 드러내며 크크 웃었.

스승의 문

 허련은 어물쩍 추사 선생의 사랑채에 머물렀다. 어찌된 일인지 큰 사랑채로부터 그만 돌아가라는 말도 나오지 않았다. 어쩌면 이런 집에선 손님더러 나가라는 말을 하지 않는지도 모를 일이었다. 볼일이 끝나면 손님들이 알아서 나가는 건지도.
 허련은 새벽같이 일어나 마당을 쓸고 사랑채 청소를 도왔다. 추사 선생은 못마땅해하지도, 달리 관심을 보이지도 않았다.
 추사 선생의 사랑채에는 늘 손님이 많았다. 허련은 이런저런 핑계를 만들어 근처를 오갔다. 그들의 이야기는 띄엄띄엄만 들어도 새로운 세상을 보는 듯했다. 언뜻 들으면 한가한 잡담을 나누는 것 같은데 귀담아 들으면 시와 그림을 두고 평을 하며 논쟁을 벌이고 있었다. 싸우면서 웃는 게 논쟁이 곧 놀이 같았다. 허련이 들어 본 명사 이름도 있었지만 처

음 듣는 이름이 더 많았다. 손님들은 청나라 사신으로 가게 되었다며 가서 누구를 만나고 싶다며 소개장을 청해 얻어 가기도 했고, 청나라에서 가져온 편지나 책을 전해 주기도 했다.

그날도 그랬다. 꽃밭에 난 잡초를 뽑고 있는데 사랑채에 다과상을 넣어 주고 나온 하인이 마치 제 자랑하듯 말했다.

"우리 어르신은 청나라의 이름난 학자나 화가들과 편지를 주고받아요. 글로 우정을 나누는 벗인 거지요."

"나도 들어서 아네."

"편지로 스승 제자도 하셨잖아요."

그것도 이미 알고 있었다. 추사 선생이 젊은 나이에 아버지를 따라 청나라 연경에 가서 평소 흠모하던 옹방강*을 기어코 만나 스승과 제자

* 중국 청나라의 학자이자 유명한 서예가(1733~1818)로 김정희가 평생을 두고 스승으로 여기던 인물.

의 연을 맺은 것은 알 만한 사람은 다 아는 일이었다.

"연경에서도 우리 어르신은 엄청 알아주는 사람이랍디다. 그쪽의 내로라하는 학자들도 우리 어르신의 글씨와 글을 손꼽아 기다린다던데요."

그것도 들어서 알고 있는 이야기였다. 하인은 우쭐하여 수다가 길었다. 허련이 작은 사랑채에 머물며 마당도 쓸고 화초도 손봐 주다 보니 제법 친근해지기도 했고 추사 선생이 별달리 챙기지 않는 손님이라 만만하게 여기는 티도 났다. 덕분에 허련은 주워들을 게 많았다.

"손님이 책 보따리를 들고 왔으니 오늘 어르신 기분이 아주 좋을 겁니다."

하인은 좋은 정보 하나 흘려주며 흔쾌히 인심 쓰는 태도였다.

"누가 오셨는가?"

"역관 이상적*이라고 자주 오시는 분이지요."

하인이 하는 말에 의하면 얼마 전에 사신 행렬을 따라 청나라에 다녀온 역관이 온 모양이었다. 그렇다면 그쪽 사람들의 편지나 책들을 가지고 왔겠지.

"그런데 선비님은……."

하인은 말을 하다 말았다. 자칫 손님도 아니고 제자도 아닌 어정쩡한 허련의 처지를 언급할 뻔했다는 것을 하인도 알고 허련도 알았다.

"비만 오면 풀이 쑥쑥 자라지요?"

하인이 화제를 돌렸다. 흙 묻은 잡초를 손에 든 채 머쓱하게 서 있는 허련을 두고 하인은 종종걸음으로 사라졌다. 허련은 사랑채 옆, 안채로 이어지는 쪽으로 갔다. 그쪽 화단은 허련이 수시로 손질을 해서 뽑을 잡초는 없었지만 시늉이라도 하며 어정거렸다. 들창문이 활짝 열려 있어 말소리가 다 들렸다.

"선생님께서 써 주신 편지 덕분에 여러 학자들과 만나 분에 넘치는 시간을 가질 수 있었습니다."

"만나고 싶은 사람들을 만났다니 다행이군."

"만나는 이마다 혹시 선생님과 아는 사이냐고 물어서 이렇게 저렇게 대답하다 보니 제가 대접을 잘 받았습니다."

"하하, 그런가?"

---

* 조선 후기의 역관이자 문인(1804~1865)으로, 열두 차례나 중국을 왕래하며 중국의 문인들과 교류한 김정희의 제자.

"연경에 갈 때는 선생님 소식을 많이 알고 가면 여러모로 편리하다니까요. 이건 완원* 선생의 편지입니다."

"아이고, 귀한 것을 가져왔구나."

추사 선생의 음성에 반가움이 잔뜩 묻어 나왔다.

"선생님을 어찌나 높이 여기던지 그 환대를 제가 대신 받은 듯했습니다."

"하하, 한번 만나 깊은 우의를 나눈 뒤로 편지로 형제보다 더한 벗이 되었다네. 처음 그분을 만났을 때가 생각나네. 버선발로 뛰어나와 맞아 주었지. 이미 내 이름을 들어 알고 있었다면서."

종이 만지는 소리가 들렸다. 허련은 초의 선사를 통해 완원이라는 이름을 들은 적 있었다. 청나라의 이름난 정치가이자 학자로 추사 선생이 스승으로 삼고 있는 분이라고 했다.

"이건 섭지선 선생께서 선생님께 전해 달라 하셨습니다."

"오호, 또 귀한 화첩을 구해서 보내 주셨군."

책장 넘기는 소리가 아주 천천히 들렸다.

"섭지선은 옹방강의 제자이시지. 한 번도 만난 적은 없지만 이토록 우정을 보여 주시는구나. 옹방강의 부음도 이분이 간곡한 편지로 알려 주셨다네."

"네, 선생님에 대한 애틋함이 커 보였습니다."

"그 사람 서재에서 장경의 난초 그림을 보았는가?"

---

* 중국 청나라의 학자(1764~1849)로, 김정희가 스승으로 모시며 존경함.

"예, 과연 듣던 대로 대단했지요. 그 그림을 직접 본 것은 지금 생각해도 꿈만 같습니다."

"차 한잔 더 우리게."

"예."

허련은 뒤뜰을 거쳐 방으로 돌아왔다. 추사 선생이 연경에서도 명성이 자자하다는 말을 듣기는 했지만 이상적과 나누는 대화를 들어 보니 더욱 실감이 났다. 추사 선생의 제자들은 저런 교유를 다 전해 들으며 학문과 예술을 공유하는 거겠지?

손님이 돌아간 다음에도 추사 선생은 저녁 늦도록 화첩을 보는지 정원에도 나오지 않았다.

멀리서 온 화첩은 며칠간 추사 선생이 거의 끼고 안다시피 했다. 어느 날은 마침 근처에 있던 허련을 불러 자랑을 하기도 했다. 허련은 화첩의 그림을 황홀하게 들여다보았다.

"놀랍지 않은가? 허허허."

화첩 자체에도 감탄을 했지만 그걸 구해서 인편에 보내 준, 멀리 사는 벗의 우정에도 뿌듯해하는 빛이 역력했다.

"허허, 이걸 보내 준 벗도 그렇지만 역관 이상적 말일세. 얼마나 고마운지 모르네. 연경에 다녀올 때마다 발품을 팔고 사람들을 만나 이렇게 귀한 것들을 구해다 주지 뭔가? 덕분에 내가 멀리서도 벗들과 사귈 수가 있다네."

추사 선생은 기분이 좋아 허련을 상대로 한참이나 이야기를 늘어놓았다. 허련은 추사 선생이 허물없이 길게 마음을 풀어 놓는 것이 고맙고 기뻤다.

　이상적은 역관이면서 시, 그림, 학문 연구에도 깊은 관심을 가진 사람이라 했다. 추사 선생을 흠모하여 연행길을 오갈 때마다 헌신적으로 책을 구해다 주는 사람이었다.

　추사 선생의 서재에는 조선은 물론 청나라에서 온 듣도 보도 못한 책들이 많았다. 모두 추사 선생이 보물처럼 여기는 것들이었다. 그러니 추사 선생의 방을 정리하는 일은 즐거움 그 자체였다. 추사 선생이 외출한 때에도 사랑채를 출입할 정도가 되자 허련은 추사 선생에게 조심스레 책을 청해 읽었다. 추사 선생이 읽는 것을 눈여겨보았다가 나중에 읽어 보기도 했다. 추사 선생은 못 본 척해 주었다.

　책 속에는 놀라운 세상이 있었다. 견문의 부족함을 지적했던 추사 선생의 말은 전혀 틀린 말이 아니었다. 아니, 부족하다는 말도 과분한 말이었다. 허련은 자신의 그림이 얼마나 얄팍했던가를 뼈저리게 느꼈다. 어느 날은 자괴감으로 종일 가슴을 쥐어뜯기도 했다. 그런데 그것은 고통스러우면서도 기뻤다. 비록 아직 그 경지까지 가 있지는 못하지만 눈앞에 펼쳐진 경이로움이 허련의 가슴을 용솟음치게 했다. 허련은 부지런히 먹을 갈고 붓을 들었다.

　추사 선생 집을 드나드는 사람 중엔 젊은이들도 더러 있었는데 추사 선생에게 가르침을 받는 문하생들이었다. 그들은 주로 혼자 와서 오래도록 추사 선생과 함께 있다가 갔다. 가끔 추사 선생의 호통 소리가 새어 나오기도 했는데 허련은 그게 몹시 부러웠다. 자신의 부족함을 지적받는 것은 얼마나 기쁜 일일까?

　추사 선생은 그들에게 허련을 소개조차 하지 않았다. 그래도 문간이든 마당이든 몇 번 마주쳐 안면을 익히자 자연스레 서로 통성명을 하고 눈인사를 건네는 사이가 되었다.

　가끔은 여럿이 함께 올 때도 있었다. 그럴 땐 토론회가 벌어져 이 사람 저 사람의 목소리가 다투어 들렸다. 허련은 뜰을 어정거리며 그들의 이야기 소리를 띄엄띄엄 들었다. 언제부턴가 그들은 허련을 자기들 무리에 끼워 주기도 했다. 시골의 가문 없는 사람이라도 추사 선생의 사랑채에 계속 머무는 인물이라 실력을 궁금해했던 것이다. 문하생들 중에는 허련의 그림을 썩 괜찮다고 평해 주는 이도 있었다.

　그들과의 어울림은 허련의 자부심을 한껏 북돋아 주었다. 내놓을 것 없는 집안 출신인 허련이 사대부의 자제들과 그림을 두고 토론을 벌이게 될 줄 어찌 알았겠는가? 허련은 은근히 그들을 기다렸다가 오는 대로 함께 어울렸다.

　어느 날, 사람들이 마루에 둘러앉아 허련의 그림을 두고 좋은 평을 내렸다.

　"날로 솜씨가 느시네그려. 하하하."

　허련 스스로 생각해도 그림 솜씨가 꽤 늘었고 한양의 문하생보다 부족함이 없다 싶어 뿌듯한 중이었다.

　"하하하, 아무렴, 추사 선생이 거두신 제자 아닌가?"

한 사람의 말에 허련이 깜짝 놀라며 얼른 열린 방문 안으로 추사 선생을 보았다. 아니나 다를까, 손님들과 대화 중이던 추사 선생의 눈썹이 꿈틀했다.

"누가 내 제자란 말인가?"

추사 선생은 담뱃대를 땅땅 털었다. 추사 선생의 갑작스런 역정에 사람들이 모두 입을 다물었다. 허련은 얼굴이 화끈거려 쥐구멍에라도 들어가고 싶었다.

"내가 아무나 제자로 들이는 사람인가?"

아무나…… 이긴 했다. 그러나 사람들 앞에서 그리 말하니 서운하고 창피했다.

"붓만 옮기면 그림이 되는 것이던가? 정신이 먼저 옮겨 가지 않는데."

추사 선생은 다시 담뱃대를 재떨이에 땅땅 쳤다. 허련은 채찍으로 맞은 듯 마음이 쓰렸다. 어쭙잖게 얄팍한 기술을 내보이고 한자리 끼어 떠든 꼴이 되어 숨고 싶도록 부끄러웠다. 어물쩍이긴 하지만 추사 선생의 사랑채에 머문다는 자랑에다 문하생들의 칭찬으로 자신감까지 살짝 붙어 있던 참이었다. 화기애애, 호탕하던 분위기가 순식간에 싸해졌다.

허련은 저녁상도 물리고 방에 틀어박혔다. 이런 망신이 어디 있는가? 시간이 지날수록 창피함보다는 화가 부글부글 끓었다. 사방이 고요하고 풀벌레 소리만 들려왔다. 고향 생각이 나고 눈물이 핑 돌았다. 이제 그만 돌아가야겠다는 생각이 들었다. 이 꼴을 당하고도 더 이상 눌러 있을 수는 없었다. 애초에 자신은 편지 심부름으로 온 것이 아니었던가? 공연한 기대로 들떴던 것은 순전히 허련 혼자의 생각이었음을 진즉에 듣지 않았던가?

새벽녘이 되자 체념이 되고 마음이 가라앉았다. 그때서야 허련은 추사 선생의 말을 새로 떠올렸다.

"붓만 옮겨 가고 정신은 가지 않았다는 게 무슨 말이지?"

분한 마음에 허련을 망신 준 것으로만 생각했던 말이었다. 동이 터올 때쯤 허련은 망치에 머리를 맞은 듯 아! 했다. 그건 무시가 아니라 가르침이었다. 사람들 앞에서의 악평이긴 했으나 어쨌든 허련의 그림을 평한 것이었다. 그동안 허련의 그림에 전혀 관심을 주지 않았던 추사 선생이 아니었던가?

다음 날 아침, 허련은 작정하고 사랑채를 찾았다. 무릎을 꿇고 두 손을 바닥에 짚고 엎드렸다.

"저를 제자로 받아 주십시오."

"말하지 않았는가? 아무나 제자로 받지 않는다고."

"아무나가 아닌 사람이 되려면 어떻게 하면 되겠습니까?"

"그야 나는 모르는 일."

"그럼, 누가 안다는 말씀입니까?"

"그것도 나는 모르네."

추사 선생은 책상 앞에 몸을 바로 하며 책을 폈다. 방해하지 말고 그만 나가라는 행동이었다. 더 이상 대화를 진행할 수가 없었다. 모든 말은 앞뒤도 없이 제자로 받지 않겠다는 뜻을 분명히 하고 있을 뿐이었다. 그러나 작정하고 마주한 자리였다. 어쩌면 다시는 기회가 없을지 모르는 자리이기도 했다.

"제가 견문이 얼마나 부족한지는 깨닫고 또 깨달았습니다."

"그럴 리가. 어제 보니 오히려 자신이 얼마나 경지에 올랐는가를 깨달은 자 같더구먼."

추사 선생의 말에는 비웃음과 책망이 함께 들어 있었다. 허련은 목까지 벌겋게 달아올랐다.

"안 그런가? 벼루 몇 개는 뚫어 먹은 것 같던데."

비아냥이 심했다. 허련은 모멸감에 입술을 깨물었다.

"그림을 그리는 길은 참으로 멀고 어려운 길이네만 자네는 천리 길에 겨우 세 걸음이나 뗐으려나?"

겨우 세 걸음? 그것도 천리 길에? 자신의 부족함을 어지간히 인정하고 있었지만 허련은 적이 실망했다. 대흥사에서 초의 선사가 고개를 끄덕이며 놀라워한 게 얼마이며, 추사 선생이 직접 그림의 품격을 갖추었다고도 말하지 않았던가? 그런데 겨우 세 걸음이라니, 자신을 그렇게밖에 안 보다니 너무하지 않은가? 사랑채에서 한다 하는 선비들과 딸리지 않고 토론하는 것을 보지 않았던가? 허련은 따지기라도 해보려고 살짝 고개를 들었다가 이내 숙였다. 창끝 같은 날카로움이 추사 선생의 얼굴에 어려 있었다. 겨우 세 걸음 떼 놓고 출싹거리느냐는 질책이었다.

추사 선생이 종이를 펼쳤다. 허련은 얼른 연적을 들고 나가 물을 담아 왔다. 벼루에 물을 붓고 먹을 갈았다. 추사 선생이 붓에 먹물을 찍었다. 허련은 추사 선생의 붓이 움직이는 것을 뚫어져라 지켜보았다.

붓이 용트림을 하듯 종이 위를 휘젓고 지나가면 가늘고 굵은 획이 순식간에 살아 움직였다. 획 하나하나에 추사 선생의 감정과 의지가 고스란히 실려 생명을 얻었다. 허련은 숨을 죽이고 지켜보다가 자신도 모르게 신음을 내뱉었다. 붓만 옮겨 가고 정신이 옮겨 가지 않았다는 말을 어렴풋이 이해했다.

"붓으로 정신을 옮길 수 있게 도와주십시오."

"자네 정신을 내가 어찌 옮기겠는가? 그리고 제자는 내가 받아들이는 게 아니네. 스승을 찾아내고 스스로 제자가 되는 것이지."

추사 선생은 허련을 똑바로 바라보았다. 무심한 듯도 하고 반대로 의미심장한 듯도 한 눈빛이었다. 이게 무슨 말인가? 허련은 멀뚱히 추사 선생을 올려다보았다. 추사 선생은 다시 붓질을 시작했다.

생각해 보니 그랬다. 추사 선생은 스스로 스승을 찾아 제자가 된 사람이었다. 박제가가 그랬고, 옹방강, 완원이 그랬다. 추사 선생의 첫 스승 박제가, 청나라에 가서 수레를 타 보는 등 실용적이고 앞선 문물을 보고 『북학의』*라는 책을 써서 조선을 부강하게 할 방법을 주장한 사람. 정조 임금이 그의 뛰어난 지식에 반해서 '견주어 비길 만한 사람이 없다'고 평가했던 사람. 추사 선생은 그를 서자라는 신분에 개의치 않고 스승으로 택하여 존경하고 따르며 견문을 넓혔다.

청나라의 서예가이자 뛰어난 학자인 옹방강은 또 어떤가? 추사 선생은 그를 오래 흠모하다가 스물네 살에 마침내 아버지를 따라 연경에 가서 기어이 그를 만나 제자가 되었다. 단 한 번의 만남으로 편지를 주고받으며 학문을 논하고 가르침을 받는 막역한 사이가 되었던 것이었다.

---

* 조선 정조 2년(1778)에 실학자인 박제가가 청나라의 풍속과 제도를 시찰한 뒤 자신의 의견을 덧붙여 지은 책.

당시 일흔여덟 살의 고령인 옹방강은 추사 선생을 처음 만났을 때, 끝없는 학구열과 해박한 지식에 매료되어 자신의 학문을 이어 줄 인물임을 직감했다고 했다.

옹방강의 서재에서 중국 서예사에 새롭게 눈을 뜬 추사 선생은 우선 스승인 옹방강의 서체를 익힌 후 중국 고대 상형 문자부터 한, 진은 물론 당, 송, 원, 명, 청나라에 이르기까지 수천 년 이어져 온 중국 서법을 다 익힌 뒤 자신만의 글씨체를 만들었다. 옛 법을 벗어나지 않았지만 하나도 옛것과 같지 않은 서체가 바로 추사 선생의 서체였다.

독창적인 학술 이론으로 청나라 최고의 학자로 인정받는 완원도 마찬가지였다. 추사 선생은 박제가를 통해 완원의 책을 접하고 존경하다가 어렵게 찾아가 스승과 제자의 인연을 맺었다. 두 사람은 지금까지도 서로 글을 주고받으며 학문의 깊이를 나누고 있었다. 추사 선생은 자신의 호를 완원을 사모한다는 의미로 '완당'이라 짓기도 했다.

그렇게 추사 선생은 스스로 찾은 스승을 통해 다양한 학문을 탐구하느라 스물이 넘도록 과거에도 나서지 않아 아버지의 걱정을 샀다. 결국 공부할 만큼 하고 옹방강이 죽고 나서야 과거에 들었다. 지금의 추사 선생의 명성이 거저 얻어진 게 아니었다.

문밖에서 하인이 손님이 왔음을 알렸다. 허련은 물러 나왔다. 하루 종일 종이 한 장을 펴 놓고 생각에 잠겨 있었다. 스승을 찾아내고 스스로 제자가 되는 것, 결국 제자가 되고 안되고는 허련에게 달렸다는 말 아닌가? 그렇다면 이제 허련은 추사 선생의 제자였다. 스승은 이미 찾

았다. 이곳에 남아 그의 제자가 될 것이다. 허련이 찾아야 할 것은 어떻게 제자가 되느냐 하는 것이었다.

다음 날 이른 아침, 허련은 사랑채 마당을 쓸어 놓고 우물로 갔다. 하루의 첫물을 길어 연적을 채워 놓고 아침 차를 우렸다. 이른 아침의 서재가 차향으로 은은해졌다. 추사 선생은 무심한 척 허련이 우려 놓은 차를 마셨다.

"어르신 옆에서 붓의 세상을 열어 보고 싶습니다."

"붓의 세상?"

허련은 벌떡 일어나 큰절을 올렸다. 추사 선생은 미간 주름을 세우고 허련을 바라보았다.

"저는 해남을 떠나올 때 이미 스승을 찾았습니다. 초의 선사의 편지 내용이 어떤 것이었든 이제 상관이 없습니다. 어르신께서 제 그림의 부족함을 일깨워 주셨으니 그것을 채우는 것도 어르신께로부터 배우고 싶습니다."

 추사 선생은 못마땅한 표정으로 허련을 쏘아보았다. 애당초 흔쾌한 대답을 기대하지 않은 터였다. 허련은 개의치 않고 고개를 깊이 숙였다. 추사 선생이 심드렁하게 말했다.

 "그러시게. 자네는 자네의 스승을 찾게. 나는 내 제자를 찾을 터이니."

 대단히 아리송한 말이었다. 짧게 흘린 웃음소리도 아리송하긴 마찬가지였다. 제자를 찾겠다는 말이 제자가 될 만한지 두고 보겠다는 뜻인지, 자네는 내가 찾는 제자가 아니라는 뜻인지. 허련은 무슨 뜻인지 묻지 못했다. 답이 두려웠다.

 "한잔 더 주게."

 추사 선생이 차를 청했다. 순간, 허련은 앞쪽이 답일 가능성이 더 크다고 생각하며 얼른 찻잔을 채웠다. 그렇게 생각하기로 마음먹었다. 추사 선생의 말이 '그만 떠나게'만 아니면 된 거 아닌가?

허련도 차 한잔을 따라 마셨다. 향긋한 차가 매끄럽게 목구멍을 타고 흘러내렸다.
'꼭 어르신의 제자가 될 것입니다.'

제자의 길

아이가 화첩을 뒤적이며 재잘거렸다.
"와, 멋지다. 이거 다 할아버지가 그리신 거예요? 스승이라는 그분에게서 그림을 배우셨어요?"
"그래, 그림……."
허련 영감은 말을 하다가 말았다. 그림을 배웠다고 말하기에는 턱없이 부족했다. 아이가 눈을 말똥거리며 이어질 말을 기다렸다.
"아니, 학문을 배웠지. 그분에게는 그림도 글씨도 학문이었거든."
"그림 아니고요? 아, 그분이 학문도 높았구나."
아이는 얼렁뚱땅 해석했지만 희한하게도 제대로 맞아떨어졌다. 추사 선생은 그림 하나에 책 한 권을 담기도 했고, 획 하나로 오래 생각해 온 철학을 드러내기도 했다. 그림과 글씨가 학문인 것을 알지 못한 탓에 허련은 얼마나 오랫동안 껍데기뿐인 그림을 그렸던가? 그런데 '학문을 배웠다'는 말로도 여전히 부족했다. 뭐라고 해야 흡족한 말이 될까?

"얘야, 그것도 아니구나. 그분에게서 음, 그러니까 말하자면 인생을 배웠지."

추사 선생은 자신이 추구하는 학문과 예술을 모든 것에 우선함으로써 자기만의 세계와 경지를 한 걸음 한 걸음 넓히고 높였다. 허련은 추사 선생이 사는 법을 존경하여 본받으려 무던히도 애썼다.

"인생요? 무슨 말이에요? 뭐, 하여튼 훌륭한 분이었어요?"

"그래, 훌륭한 분이었지. 모든 이가, 임금님도 인정해 주는 대단한 분이셨다."

"임금님도요? 우와, 그런데 할아버지가 어떻게 그런 분의 제자가 될 수 있었어요?"

아이가 미심쩍은 눈으로 허련 영감을 보았다. 이런 당돌한 질문이 있나 싶어 화가 나려는데 아이가 입까지 삐쭉했다.

'아니, 이 아이가 나를 그냥 시골 늙은이로만 아는구나, 허참.'

사대부들이 다투어 그림을 청하는, 제법 명성깨나 있는 허련 영감이었다. 임금 앞에 나아가 그림을 그린 것도 여러 차례였다. 허련 영감은 잠깐 언짢았지만 이내 그러는 자신에게 웃음이 났다. 이 시골의 꼬마 녀석이 그런 걸 알 리가 있겠는가? 쯧쯧. 이 나이에도 이렇게 속이 좁아서야, 원. 그런데 얘가 금방 뭐라고 물었더라? 아, 어떻게 제자가 되었나…….

허련 영감은 어느새 아이의 질문에 맞는 답 찾기를 즐기고 있었다.

"으흠, 그러니까 내가 어떻게 그분의 제자가 되었느냐고?"

"예, 할아버지."

허련 영감은 이제부터 좀 잘난 척을 해야겠다는 장난기가 생기면서 가볍게 헛기침을 했다. 돌아보면 아득한 그때, 월성위궁에 붙어 떨어지지 않으려고 무던히도 애를 썼다. 작은 사랑채를 차지한 채 염치 불구하고 떠나기를 미적거렸다.

허련 영감은 아이 눈앞에서 주먹으로 문을 두드리는 시늉을 했다.

"스승의 문을 힘껏, 아주 힘껏 두드려 제자가 되었지."

허련 영감은 자신의 대답이 마음에 들었다. 월성위궁에서의 일뿐만 아니라 스승을 찾아 험한 바다를 세 번이나 건넜던 일도 떠올랐기 때문이었다. 아이는 어느새 미심쩍어하던 표정을 버리고 작은 주먹으로 문 두드리는 시늉을 따라 했다.

"문을 힘껏 두드렸어요?"

"그래, 아주 힘껏. 스승의 문은 목숨을 걸고라도 두드려야 하는 것이다."

목숨이라는 말에 놀랐는지 아이가 눈을 휘둥그레 떴다.

허련은 월성위궁을 떠날 생각은 완전히 접고 아예 추사 선생의 자잘한 시중을 맡아 했다. 새벽에 일어나 마당을 쓸고, 서재를 활짝 열어 신선한 공기를 넣었다. 그러면 허련의 새 하루도 시작되었다. 사랑채를 청소하고 추사 선생의 붓을 씻어 말리고 먹을 갈았다. 얼마 안 가서 하인이 아예 허련에게 일을 미루어 버렸다. 추사 선생도 언제부턴가 허련이 월성위궁에 머무는 걸 당연하게 여겼다.

추사 선생의 독서량과 연습량은 실로 엄청났다. 부지런하고 열성적인 것으로는 누구에게 뒤져 본 적이 없던 허련이지만 잠깐의 시간도 허투루 쓰지 않는 추사 선생의 근면함에는 혀를 내둘렀다. 추사 선생은 획 하나, 글자 하나를 수십 번 수백 번 연습하는 연습 벌레였다. 누구나 알아주는 대가가 되고서도 끊임없이 뭇 명필들의 서체를 감상하고 연구하며 자기만의 서체를 만들어 나갔다. 스승의 문 안에는 배울 게 많았다. 허련은 우러르는 마음이 절로 생겼다.

추사 선생은 무심한 듯 책이나 화첩을 허련에게 건네주기도 했다. 허련은 그것을 황송하게 받아 꼼꼼히 읽고 살폈다. 그러면 그것이 그때 자신에게 꼭 필요한 것임을 알 수가 있었다. 그러나 그뿐, 추사 선생은 손님 누구에게도 허련을 제자라고 소개하지는 않았다. 허련은 혼자 있는 시간은 한 시각도 아껴서 책을 읽고, 화첩을 보고, 그림을 그렸다.

여러 날 공들여 바위틈에 자란 나무를 그렸는데 꽤 마음에 들었다. 마당에서 종이를 들고 그림을 말리고 있는데 뒤에서 추사 선생의 목소리가 들렸다.

"그 나무는 자네의 나무인가?"

"예?"

"자네의 정신이 거기 있는가?"

"……."

"나무와 바위 말고 뭐가 있는가?"

뭐가 있나, 라니? 허련이 미처 질문의 뜻을 생각하기도 전에 추사 선생은 돌아서 가 버렸다.

허련은 하릴없이 그림을 내려다보았다. 공들인 붓질이었다. 그러나 기법만 있고 이야기가 없었다. 추사 선생의 그림처럼 그리는 사람의 이상이나 소망 같은 것이 없었다. 허련은 맥이 빠졌다. 나무나 바위가 아무리 진짜 같아도, 붓질이 아무리 펄펄 살아 있어도 눈에 보이는 것만으로는 안 되는 거였다. 정신이라는 것은 붓끝의 교묘함에서 나오는 게 아니었다. 그건 그리는 사람의 마음속에 있는 것이 손을 타고 붓을 지나서 나오는 것이라고 말할 수밖에 없었다. 며칠 동안 허련은 절망감으로 괴로웠다.

'내 내면을 깊고 그윽한 무엇으로 채우지 않고서는 제대로 된 그림을 그릴 수 없겠구나.'

허련은 그림보다 책을 더 많이 읽었다. 그리는 시간보다 생각하는 시간이 더 많아졌다.

'나는 나무에 어떤 의식을 넣어 내 나무로 그릴 것인가? 어떻게 내 바위를 그릴 것인가?'

'이 모란은 내 모란인가, 아닌가?'

'나는 어떤 마음으로 새가 되어 날고 있는가?'

허련은 자신에게 더 많은 것을 물었다. 사물을 보고 앉아서 깊이 생각하다 보면 사물과 마음이 통하는 듯했다. 그림은 사물과 자신과의 소통이 우선되어야 하는 것이었다.

월성위궁에서 종이를 먹으로 채우면서 계절이 휙휙 지나갔다. 먹을 가는 시간은 마음을 닦는 시간이기도 했다. 먹물이 까맣게 벼루를 채우는 동안 마음은 차분히 가라앉고 내면 깊은 곳에서 그림에 대한 열정만 오롯이 솟아올랐다.

학문이 날로 깊어졌고 그림 보는 안목도 높아졌다. 허련은 기쁨과 뿌듯함에 종일 쉬지 않아도 힘든 줄 몰랐다. 마음먹은 대로 안 되어 괴로울 때가 더 많았지만 그 괴로움조차도 기꺼웠다. 자신의 그림을 볼 줄 아는 안목이 없어 괴로워할 줄도 몰랐던 시절을 생각하면 지금의 괴로움은 오히려 이제 눈이 뜨였음을 보여 주는 증거였다.

아주 가끔이지만 추사 선생이 허련의 그림을 보고 고개를 끄덕이기도 했고, 비판을 하기도 했다. 호된 악평을 들어도 허련은 행복하고 황홀했다.

어느 날, 추사 선생이 물었다.

"자네는 종요*라는 사람을 아는가?"

"예. 해서체의 대가로 알고 있습니다."

"그는 잠을 잘 때에도 이불에다 손가락으로 글씨를 써 대서 이불이

---

* 중국 후한 시대의 서예가로, 수십 년간의 연구 끝에 해서체를 확립시킴.

너덜너덜해졌다고 하더군."

"예에. 그만큼 연습을 해야 대가가 되는군요."

"뭐든 미친 듯이 하지 않고서는 큰 성취를 얻을 수 없네."

허련은 깊이 알아듣고 고개를 숙였다.

"붓을 천 개쯤은 몽당하게 만들어 봐야 그림이 뭔가를 알게 될 걸세."

추사 선생이 흘리듯 말하고는 돌아서 갔다. 허련은 몽당붓을 들고 물끄러미 보았다. 이제 겨우 한 걸음을 더 뗀 것 같았다.

'천 개 넘어 붓이 닳으면……'

허련은 쓰고 또 썼다. 그리고 또 그렸다.

추사 선생이 행장을 꾸렸다. 멀리 문경에서 비석 하나가 발견되었다는 소식을 듣고서였다. 벌써 여러 번째였다. 추사 선생은 종이와 먹을 들고 방 안에 앉아서 쓰기만 하는 사람이 아니었다. 깨진 비석 한 조각이 발견되었다는 말을 들으면 그냥 넘어가지 않았다. 멀다 않고 찾아가

거기에 쓰인 글씨를 탁본해 왔다. 그러고는 옛 책들을 뒤지며 그 서체를 연구했다. 젊은 날에도 부친의 부임지에 다니러 가서는 그 지방의 산을 헤매며 비석들을 탐색했다고 들었다. 비석에는 수백 년 전의 다양한 서체들이 쓰여 있기 때문이었다.

서둘러 떠나는 추사 선생의 발걸음이 청년의 걸음보다 힘차고 가벼웠다. 기대감으로 환하게 빛나는 얼굴 표정 또한 청년 이상이었다.

'이번엔 또 어떤 걸 찾아오실까?'

돌아오면 아마 또 며칠간 서재에 틀어박혀 나오지 않을 게 분명했다.

허련은 추사 선생이 없는 동안 서재에서 추사 선생의 글씨와 그림들을 다시 살폈다. 전에는 안 보이던 게 보였다. 추사 선생은 풍경을 그려도 단순히 실제 모습을 그리는 게 아니었다.

마음속에 꿈꾸는 이상과 의지, 세상에 대한 생각들을 그림 속에 담아냈다. 성근 나무 숲 아래 띠풀*로 지붕을 엮은 고적한 정자와 조용히 흐르는 강물을 그리고, 그 뒤로 먼 산을 은은하게 그리면 놀랍게도 그 속에서 세상을 떠나 자연 속에 묻혀 살고자 하는 선비의 소망이 읽혔다. 낮은 언덕에 몇 그루의 고목과 그 옆에 허

---

* 들이나 길가에 나는 볏과의 여러해살이풀인 띠의 어린 꽃이삭을 말하며 삘기라고도 함.

물어질 듯 서 있는 작은 집을 보고 있으면 세속이 한없이 작아지고 우주의 섭리가 온 세상에 내려와 앉은 듯했다.
　그림을 그렸는데 시가 읽히고, 글씨를 썼는데 세상이 그려졌다. 어느 획에서, 어느 나뭇잎에서, 아니면 어느 산자락에서 그게 나오는지 알 수가 없었다. 붓질이 산자락을 흐르며 힘을 더 주고 덜 준 흔적만으로도 뭔가를 이야기하고 있었다. 허련은 탄식을 했다.
　허련은 화첩에서 배운 필법을 바탕으로 연구와 실험을 해 가며 나름의 붓질법을 만들어 나갔다. 수십 개의 붓이 몽당해졌다. 점차 허련만의 그림이 나왔다.

　날로 부드러워지는 봄 산을 그리느라 열중해 있는데 문득 뒤에서 인기척이 들렸다. 고개를 드니 추사 선생이었다. 허련이 일어나려 하자 추사 선생이 말렸다.
　"그냥 계속하게."
　허련은 진하게 간 먹을 마른 붓에 듬뿍 찍어 종이에 닿을 듯 말 듯 가볍게 긋다가 슬쩍 눌러 긋다가 하며 산의 능선을 표현했다. 바위는 짙고 마른 먹으로 그려 거칠고 투박한 느낌을 물씬 냈다. 나무껍질 또한 물기 없는 붓으로 건조하게 찍어 까끌까끌한 질감을 살렸다.
　"으음."
　추사 선생이 신음을 내뱉었다. 허련이 돌아보니 추사 선생이 체면도 잊고 옆에 쪼그리고 앉아 그림을 뚫어지게 보고 있었다. 입술 사이로 탄

식이 새어 나왔다.

"하아, 건조하기는 마치 가을바람과 같고, 부드럽고 윤택하기는 마치 봄비와 같구나. 줄기는 힘이 있고 잎은 생명력이 넘쳐."

허련은 추사 선생의 칭찬에 으쓱했다.

"먹이 몹시 진하구나."

"예. 물기 없이 마른 붓을 썼습니다."

"진한 먹에 마른 붓이라…… 뚜렷하면서도 깊은 분위기를 내는구나."

"달을 그리거나 경계를 표현할 때에도 이런 붓질을 사용합니다."

"이런 붓질법을 어디서 배웠느냐?"

"그냥, 제가 본 느낌들을 표현해 내기 위해 이렇게 저렇게 해 보다가……."

추사 선생의 눈이 살짝 커졌다.

"계속해 보아라."

허련이 붓을 들어 이번엔 잎 달린 작은 나무 몇 그루를 그렸다.

추사 선생이 고개를 끄덕이더니 붓을 들었다. 허련이 종이 한 장을 깔아 사방을 눌러 추사 선생이 그릴 수 있도록 마련했다. 추사 선생은 먹을 찍어 조심조심 붓질을 했다. 힘 조절에 신경을 쓰느라 손등에 핏줄이 섰다. 추사 선생은 수없이 내리 그어 종이 한 장을 다 채웠다. 허련이 다시 새 종이를 깔았다. 추사 선생이 이번엔 가로로 선을 그었다. 가는 선 굵은 선을 번갈아 그리다가 사선으로 짧은 선들을 무수히 그었다. 등

근 선으로 한 장을 또 채웠다.

추사 선생이 돌아보며 싱긋 웃었다.

"이게 바로 초묵법이구나."

"초묵법요?"

"마르고 건조한데 윤기가 있어 보이는 붓질. 오랫동안 풀지 못한 것을 오늘 자네한테 배우는구나."

추사 선생의 얼굴에 환희가 차올랐다. 초묵법, 허련은 자기가 먹을 쓴 방법이 그것인 줄 몰랐다. 추사 선생이 기뻐하는 것을 보고 그저 어리둥절할 뿐이었다. 그 뒤로 추사 선생은 산수화를 그릴 때에 이런 붓질법을 즐겨 사용했다.

추사 선생은 사람들에게 주저 없이 말하곤 했다. 허련에게서 초묵법을 배웠노라고. 추사 선생은 아랫사람에게도 기꺼이 배울 뿐만 아니라 그걸 부끄러워 않고 오히려 여기저기 자랑하는 사람이었다.

그러나 월성위궁에서의 생활은 그리 오래가지 않았다. 겨우 일 년 남짓에 추사 선생과의 그림 수업은 뜻밖의 일로 중단되었다. 이듬해 여름에 고향인 예산에 내려가 있던 추사 선생이 한양에서 온 관리들에게 체포되었다. 마침 함께 있던 허련은 하늘 같은 추사 선생이 하급 관리들에게 몸을 붙들리는 광경을 목격하고 큰 충격을 받았다. 흐트러짐 없던 추사 선생의 얼굴이 분노와 고통으로 일그러졌다.

"스승님!"

허련은 바르르 떨었다. 추사 선생은 관리들을 뿌리치더니 허리를 꼿꼿이 세우고 앞장서 갔다. 비록 갑자기 죄인으로 떨어졌다 해도 끌려가는 모양새만큼은 한사코 거부하는 몸짓, 자존심이 하늘을 찌르는 추사 선생다웠다. 허련은 추사 선생이 어금니를 꽉 깨문 채 온몸으로 내뿜는 분노를 보았다.

그 무렵 권력 유지에 불안을 느낀 안동 김씨 세력이 음모를 꾸며 반대 세력에 있던 사람들을 공격했는데 그중에 추사 선생 가문도 끼어 있었다. 평소 추사 선생이 가차 없고 날카롭게 비판한 것에 대한 상대측 누군가의 원한도 한몫했다는 소문이었다.

추사 선생은 한없이 너그럽기도 했지만 어떤 부분에선 창끝처럼 날카로웠다. 특히 자신에게 매우 엄격했는데 그 냉철함이 관직 생활에도 고스란히 드러나 관리로서 작은 부정도 용납하지 못했다. 그 때문에 사람들로부터 냉혹하다는 평도 듣고 원망도 많이 샀다. 이번에도 예전에 비리를 들켜 처벌받은 누군가의 집요한 공격과 누명이 있었다고 했다.

허련은 스승에 대한 걱정과 안타까움으로 쉽사리 마음을 잡지 못했다. 권력 사냥의 소용돌이를 목격한 두려움도 컸다. 그래서 한동안 근처의 절에 머물면서 정신을 수습하고서야 겨우 고향으로 돌아갈 수 있었다. 불안한 채 집에 있자니 일 년 남짓 추사 선생과 함께한 시간이 얼마나 소중했는지 알 수 있었다. 냉정한 듯했지만 많은 가르침을 주었다는 깨달음과 함께 더 이상 그 꿈같은 배움을 얻지 못하게 될까 하는 아쉬움이 갈수록 커졌다.

두 달 후, 허련은 추사 선생이 제주도로 귀양살이를 떠났다는 소식을 들었다. 자신들의 세력만으로 권력을 온통 장악하려는 김씨 세력의 가혹한 국문으로 추사 선생이 처형 직전까지 내몰렸으나 평소 추사 선생을 잘 알고 있던 누군가의 간곡한 상소로 겨우 목숨을 구했다고 했다.

허련은 추사 선생이 사형을 당할 뻔했다는 데 소스라쳐 놀라고, 요행히 면했다는 데 안도하면서도 제주도 귀양이라는 말에 또 아득했다. 제주도라니, 제주도는 땅끝에서 바닷길로만 열흘이나 걸리는 먼 곳이었다. 중죄인이 아니면 그곳까지 유배 보내지는 않았다. 진도만 해도 중죄인이 유배 오는 곳인데 제주도는 거기서 아예 다른 나라로 가는 것이나 다름없었다. 험한 물길에 유배객들이 도착도 못하고 죽는 일이 허다한 곳이라 했다.

허련은 세상이 무너지는 것 같았다. 다시없을 스승을 이대로 놓치고 마는가 싶어 어찌할 바를 모르고 허둥댔다. 추사 선생이 얼마나 고단하고 외로울까를 생각하면 안절부절, 마음이 흐트러져 그림도 그릴 수가 없었다.

결국 이듬해 이 월, 얼음이 녹고 봄기운이 감돌자 허련은 서둘러 행장을 꾸렸다. 더는 한 시각도 지체할 수가 없었다. 대흥사에 있는 초의 선사에게 들러 추사 선생에게 가 봐야겠다고 했더니 초의 선사는 묵묵히 고개를 끄덕였다. 하릴 없이 천정을 올려다보는 초의 선사의 눈썹이 미세하게 꿈틀했다. 어쩔 수 없이 배어 나오는 진한 고통이었다.

제주도로 가는 뱃길은 험하고 멀었다. 출렁이는 파도에 배는 쉼 없이 흔들렸다. 한번씩 배가 온통 들려서 널을 뛸 때마다 머릿속이 하얗게 되며 천지가 뒤집히는 것 같았다. 허련은 속이 메슥거려 한쪽 구석에 기대어 앉아 꼼짝하지 않았다.

"예전 그 편지에 뭐라고 쓰셨습니까?"

대흥사를 떠나오기 전날, 지나가는 말처럼 허련이 그렇게 물었을 때 초의 선사는 기억이 안 난다고 말했다.

"저를 제자로 거두어 달라고 추천하신 게 아니었습니까?"

허련이 그날의 황당함을 떠올리며 항의라도 하듯 물었으나 초의 선사는 눈썹도 까딱하지 않았다.

"추사가 그렇게 말했으면 그렇게 썼겠지."

얼른 한양으로 가 보라고 재촉했을 때를 생각하면 참으로 태연하고 무성의한 대답이었다.

"제자가 됐으면 된 것 아닌가?"

"제자가 된 게 아니니까 그렇지요. 그분은 저를 한 번도 제자라고 하신 적이 없단 말입니다."

"그런가?"

그뿐이었다. 이번에도 그저 무심했다. 체면 구길 것을 감수하고 기껏 따져 물었는데 결국 좁은 속내를 들킨 것으로 끝나 버렸다. 초의 선사는 두툼한 보퉁이 하나를 내밀었다.

"추사에게 전해 주게."

초의 선사는 그 말로 편지 이야기를 완전히 끝내 버렸다. 하긴 이제 와서 그게 중요한 일도 아니었다. 허련의 일방적인 오해라면 오해였을 그 편지가 지금 자신이 제주도로 가는 인연으로 이어졌다 싶을 뿐이었다.

봄기운이 모락모락 올라오고 있는 제주도는 산이며 들의 모양새부터 뭍과 사뭇 달랐다. 같은 섬인데도 바다색과 하늘색이 진도의 그것과는 완전히 다른 느낌이었다. 듣던 대로 돌이 많았다. 구멍 숭숭 뚫린 검은 돌이 지천이었다. 들 한가운데 군데군데 무덤들이 있었고, 그것도 검은 돌로 담장을 둘러놓은 게 뭍에서는 못 보던 풍경이었다.

돌길을 헤치며 물어물어 찾아간 추사 선생의 거처는 서귀포 바다에서 멀지 않은 대정 마을의 작은 초가였다. 검은 돌담을 따라 가시울타리가 쳐 있는 것을 보자 허련은 울컥 눈물이 솟았다. 월성위궁의 우람한 저택에 살던 양반이 이런 허름한 초가에서, 그것도 가시로 울타리를 쳐 놓고 그 안에서 살고 있는 거였다.

허련은 얼기설기 나뭇가지로 엮은 낮은 대문을 밀고 마당으로 들어섰다. 댓돌에 놓인 신발을 보니 가슴이 더욱 미어졌다. 허련은 떨리는 목소리로 추사 선생을 불렀다.

"스승님!"

조용했다. 한 번 더 부르자 이내 방문이 열리고 추사 선생이 초췌한 얼굴을 내밀었다. 허련은 마당에 엎드려 큰절을 올렸다.

"이게 누군가? 자네가 어이, 어이 왔는가?"

마루로 나온 추사 선생은 불쑥 나타난 허련의 손을 잡고 반가워 말까지 더듬었다. 월성위궁에서는 어림도 없던 태도였다.

"스승님, 제가 너무 늦게 왔습니다."

허련은 목이 메어 더 말을 할 수가 없었다. 추사 선생은 고개를 내저었다.

"무슨, 이 험한 길을 오다니……."

추사 선생은 말을 끝맺지 못하더니 이내 딴소리를 했다.

"이곳은 도무지 정이 안 가네. 바닷바람이 어찌나 센지 말이야. 밖으로 나갈 엄두가 안 나."

추사 선생은 가시울타리를 힐긋 보고는 얼른 고개를 돌렸다. 바람이

아니더라도 가시울타리 밖으로 나가면 안 되는 신세라는 걸 애써 무시하는 태도였다. 허련은 민망해 고개를 슬쩍 돌렸다. 마당 한쪽에 노란 수선화가 수북이 피어 있었다.

"누가 귀한 수선화를 저리 무더기로 심어 놓았습니까? 스승님이 특히 좋아하시니 아마 누가……."

"귀한 수선화? 허허허."

추사 선생은 소리 내어 웃었다.

"여기서는 흔해 빠진 꽃이라네. 사람들은 날이 풀리면서 밭에서 흐드러지게 올라오는 수선화가 성가셔서 호미로 파내어 버린다네."

"예? 수선화를 파내 버려요?"

수선화는 뭍에서는 귀하게 대접받는 꽃이었다. 수선화 화분 하나면 얼마나 기꺼운 선물이 되는지 받은 사람은 두고두고 고마워했다. 그래서 선비들이 그림으로도 즐겨 그렸다.

"한양에서 피었으면 고귀했을 것을. 사물이 제자리를 찾지 못하면 저리 대접을 받는다네."

추사 선생이 씁쓸하게 웃었다. 제자리에서 제대로 대접받지 못하는 자신의 처지가 어찌 원통하지 않을까? 허련도 머쓱하게 따라 웃었다.

방에는 벽 한쪽으로 몇 권의 책과 화첩들이 가지런히 쌓여 있고 작은 책상 위에 수선화 한 줄기가 물그릇에 담겨 곱게 피어 있었다. 추사 선생은 수선화를 한양에서처럼 귀한 대접을 해 주고 있었다.

"속절없는 처지가 된 나를 이렇게 찾아와 주니 참으로 고맙네. 나하고 실컷 그림이나 그리세."

"황송한 일입니다. 스승님."

"스승님이라니, 내가 언제 자네를 제자 삼는다 했던가?"

추사 선생은 어느새 예전의 추사로 돌아가 있었다. 허련은 전혀 마음 상하지 않았다. 오히려 옛 모습을 보게 되어 반갑고 기뻤다.

"스승을 찾아 스스로 제자가 되는 거라고 알고 있습니다만."

"자네조차 내 처지가 달라졌다고 그렇게 겁 없이 구는 건가?"

추사 선생은 말에는 책망을 담고 있었지만 표정은 부드러웠다. 허련

은 그것도 고맙고 좋았다. 어울리지 않게 어리광처럼 말이 나왔다.

"그럴 리가 있겠습니까? 한양이 아니라 머나먼 섬에 둘이 있으니 스승님과 더 가까워진 듯해서 그렇습니다."

"그러니까 이 먼 데까지 와 줬으니 그 생색을 내는 것 아닌가?"

농을 하는 추사 선생의 얼굴에 웃음이 비쳤다. 허련도 장난기가 돌았다. 확실히 겁이 없어진 것 같았다.

"굳이 그리 생각하신다면 생색 값을 해 주시겠습니까?"

추사 선생이 허허허, 웃었다.

"생색 값이라…… 뭘로 해 주면 되겠나?"

"제자로 삼아 주십시오. 스승님."

"그건 안 되겠고, 이걸 보여 주겠네."

추사 선생은 화첩 하나를 보여 주었다.

"이상적이 보내 주었다네."

화첩은 청나라에서 온 것이었다. 한눈에도 귀해 보였다.

"내 딱한 처지를 위로하느라고 애써서 보내 준 것이라네. 이 지경이 되어도 그 마음이 변함없으니 그저 고마울 따름일세."

화첩은 추사 선생에게 위로가 되고도 남을 물건이었다.

"덕분에 저도 보게 되니 스승님의 은덕이 큽니다."

"마음껏 보게나. 어때? 생색 값이 되겠는가?"

추사 선생이 어깨를 으쓱하며 물었다. 끝까지 제자 삼겠다는 말은 하지 않는구나 싶었지만 손톱만큼도 서운하지 않았다.

허련은 제주도 대정에서 추사 선생의 시중을 들며 글씨와 그림 공부에 힘썼다. 시를 읊고 먹을 갈며 제주도의 풍경을 그렸다. 뭍으로 오가는 인편을 통해 새로운 책과 그림들이 왔다. 추사 선생은 그 그림과 책들을 허련에게 보여 주며 품평과 감상을 하곤 했다. 허련으로서는 참으로 귀한 수업이었다. 추사 선생은 여기저기에 고급 화선지, 붓, 먹을 보내 달라는 요구를 철없는 아이처럼 해 댔다. 문필구에 대한 추사 선생의 고급 취향은 유배 온 처지에서도 변함없었다.

　시간이 흐르면서 허련은 추사 선생과 함께 바닷가를 산책하기도 하고 한라산에 오르기도 했다. 추사 선생을 존경하는 관리들이 가시울타리 밖으로 나가는 것을 눈감아 준 덕분이었다. 둘은 산과 나무, 계절의 변화를 보며 깊은 대화를 나누었다. 그것은 허련에게 사물에 대한 인식을 한껏 높여 주고 그림을 더욱 풍성하게 해 주었다.
　허련은 다섯 달 만에 큰아버지가 돌아가셨다는 소식을 듣고 진도로 돌아왔다. 고향에 머무는 동안 허련은 가끔 추사 선생을 생각하며 수선화를 그리곤 했다. 있을 자리에 있어야 제대로 된 대접을 받는다는 추사 선생의 말을 되새기며 자신이 있을 자리에 대해 생각하곤 했다.

눈서리에
소나무

허련이 두 번째로 제주도에 간 것은 처음 다녀온 지 이 년 뒤였다. 그 무렵 허련은 대흥사에서 초의 선사와 나날을 보내는 중이었는데 학문에서도 그림에서도 자신의 한계에 부딪혀 몹시 고통스러웠고, 그래서 스승이 한없이 그리웠다. 오래 못 본 스승의 안부도 몹시 궁금했다. 제주도는 인편이 드물어 편지도 마음대로 할 수 없었다. 가끔 그곳을 오가는 관리들 편에 초의 선사가 차와 편지를 보내곤 했는데 허련도 거기에 안부 편지를 얹어 보냈다. 관리 편에, 다른 이의 편지를 통해 소식을 전해 듣는 것만으로는 스승의 안부를 알기에 턱없이 부족했다. 소식을 모르면 걱정이 더한 법이라 시간이 흐를수록 걱정도 더해졌다. 때마침 새로 제주 목사로 부임하러 가는 관리가 있다 해서 허련은 망설임 없이 거기에 따라붙었다.

이 년 만에 다시 제주도로 찾아온 허련을 보고 추사 선생은 처음보다 더 반가워했다. 그만큼 더 외로웠다는 뜻이었다. 허련은 지난해 있었던 부인의 죽음에 깊은 위로의 말을 전했다. 추사 선생은 부인을 매우 사랑했다. 유배 중이라 부인의 병수발도 못하고 임종도 지키지 못한 애통함을 짐작하고도 남았다.

"아내가 오래 병석에 있었는데 내가 이 지경이 되어 있으니 위로도 못해 주고 걱정이 많았다네. 그립기도 했고. 그저 편지나 써 보내는 게 고작이었다네. 아내가 세상을 뜬 다음 날에도 인편이 있어 편지를 써 보냈지. 아내가 이미 떠난 줄도 모르고 말이지. 지아비가 되어 이런 참혹함이 어디 있겠나?"

먼 뱃길이라 부고가 오는 사이에 벌어진 일이었다. 추사 선생은 새삼 눈시울을 적셨다. 그 슬픔이 얼마나 컸는지 추사 선생은 부인에게 다음 생애에 서로 바꿔 태어나 혼자 남은 내 심정을 알아 달라는 시를 쓰기도 했다.

추사 선생의 거처에는 그림과 서책이 더 많아졌다.

"못 보던 책과 화첩이 많이 늘었습니다."

"이상적이 고맙게도 연경에 다녀올 때마다 최신 서적과 화첩들을 구해 보내 준다네. 이것들 덕분에 내가 견디네."

이상적은 추사 선생에게 더없이 고마운 인물이었다. 뛰어난 역관이라 한 해에도 여러 번 연경을 오갔는데 추사 선생의 학문에 대한 열정을 몹시 존경하여 책과 화첩들을 구하는 데에 온갖 힘을 다해 주었다. 이상적이 보내온 것들은 추사 선생이 유배 생활을 견디는 데 큰 힘이 되어 주고 있었다. 제주도에 머무는 동안 허련도 그것을 원 없이 보았다.

여러 날 바람이 조용해서 추사 선생이 혹시나 배가 들어오지 않았을까 하고 자주 밖을 기웃거리던 날이었다. 그날 추사 선생의 간절한 기대가 통했는지 으쓱대며 나타난 관리가 묵직한 보따리를 전해 주었다. 역시 이상적이었다. 아이처럼 들떠 보따리를 푼 추사 선생이 눈물을 흘렸다. 이상적이 몇 년간 발간되기를 기다렸다가 남 먼저 구해서 보내온 책이었다. 추사 선생이 손등으로 눈가를 훔치며 말했다.

"논어에 이런 공자 말씀이 있네. 겨울이 되어서야 소나무와 잣나무가 시들지 않는다는 것을 아는 것처럼 사람도 어려운 일을 당해서야 진정한 친구를 알 수 있는 법이라고. 이상적은 내게 소나무와 잣나무 같은 사람이라네. 보답 받을 게 없을 줄 뻔히 알면서 이토록 애써 주는 사람이 어디 있을꼬? 내가 이 지경이 되어도 그 마음이 변하지 않은 게 그저 고마울 따름이라네."

추사 선생의 얼굴에 오랜만에 행복한 미소가 감돌았다.

"자네에게도 한없이 고맙네. 함께 귀양살이 해 주기가 어디 쉬운가?"

추사 선생이 함박 웃어 보였다.

"귀양살이라니요? 제겐 소중한 배움의 시간입니다. 이렇게 스승님을 독차지하고 배우는 복을 어디다 비유하겠습니까?"

"아니, 자네는 내가 이렇게 되어 잘됐다는 겐가?"

"아, 아닙니다."

"하하하!"

추사 선생이 호탕하게 웃었다.

"나는 말일세. 가끔 잘됐다 싶은 생각도 한다네. 이런저런 잡다한 일에 어쩔 수 없이 관여 못하게 됐으니 이렇게 마음껏 책이나 읽고 그림이나 보며 살고 있지 않은가? 사실 모든 걸 떠나서 오로지 이렇게 살고 싶어 했거든, 자주 말이지. 물론 이런 곳에서 이런 식은 아니지만 말일세, 하하하."

허련은 대꾸할 말을 찾지 못했다. 평소 추사 선생이 학문과 예술에 대해 얼마나 갈망을 가지고 있는지 보아 온 허련으로서는 충분히 공감이 되는 일이기 때문이었다. 사대부가의 젊은이로 관직에 나아갈 꿈이 한창 클 때인 이십 대 때에도 부모님의 걱정을 들어가면서까지 과거를 미루고 학문에 매달려 살았던 추사 선생이었다.

"사람이 가진 것을 내려놓기가 어디 쉬운가? 특히 권력이란 건 말일세. 이렇게 빼앗기고 나서야 할 수 없이 손을 떼게 된단 말이지. 빼앗기기 전에 스스로 내려놓았더라면 참으로 유유자적하게 먹물에 붓이나 적시며 살 수도 있었을 것을."

"그러니 한양으로 돌아가실 때까지 여유로운 시간을 즐기며 마음껏 책을 읽으십시오."

"그러고 있다네. 처음엔 자다가도 벌떡벌떡 일어날 만큼 화가 나고 분통이 터졌지만 이제는 내가 그릇이 작아 이런 식으로가 아니면 이런 기회를 못 가질 줄 알고 하늘이 내려준 복이려니 생각한다네. 글을 쓰고 있다 보면 몇 날 며칠을 내가 유배지에 와 있다는 걸 잊어버리기도 한다네. 하하하."

"예에."

다행이기도 하고 눈물겹기도 했다. 추사 선생의 말은 그저 위안으로 하는 말이 아니라 진심이기도 했다. 허련은 그 마음을 충분히 느낄 수 있었다.

"소동파의 글 중에는 〈언송도〉라는 그림에 써 올린 글이 있네. 그게 어떤 거냐면 말일세."

추사 선생은 자세를 고쳐 편안하게 앉았다. 긴 이야기를 할 참이었다. 허련도 몸을 바로 하며 들을 준비가 되었음을 알렸다. 소동파는 추사 선생의 스승인 옹방강이 평생을 두고 흠모하던 분이었고 추사 선생역시 그랬다.

"소동파가 혜주로 유배 갔을 때의 일이라네. 그곳에 이름난 산이 있었는데 소나무가 많았어. 하지만 기후가 따뜻한 곳이라 소나무들은 눈서리를 모르고 푸르게 자라고 있었다네. 소동파는 세상을 걱정하며 유복하게 살아가는 게 선비의 행복이라 생각해 왔는데 따뜻한 곳에서 자라는 소나무를 보고는 그렇게 고생 없이 사는 게 꼭 행복은 아닐지도 모른다는 생각을 했다네. 어느 날 유배지로 어린 아들이 찾아왔지. 그 먼 곳까지 찾아온 아들이 반가워서 소동파는 아들을 위해 그림을 한 폭 그렸는데 그것은 눈서리를 모르고 자라는 그곳의 소나무가 아니었어. 눈을 맞고 가지를 늘어뜨린 겨울 소나무였다네. 그리고 이런 글을 썼지."

추사 선생은 기억을 더듬는 듯 눈을 감고 시를 읊었다.

눈 덮인 봉우리엔 하늘이 얼어붙고,
얼음 언 골짜기엔 땅마저 갈라졌네
눈서리에 굽힘 없는 푸른 소나무
이렇게 웅장하게 자라다니
……
서리 속의 영령함이
내 고통을 씻어 주네.

"이곳에 이런 처지로 있다 보니 그 시가 더욱 생각나는구나."
추사 선생이 쓸쓸히 웃었다. 제주도가 추사 선생에게는 꽁꽁 언 땅이자 얼음 언 골짜기였다. 허련에게 제주도는 스승의 가르침을 받으러 온 곳이고 언제든 돌아갈 수 있으니 바람 드는 집에 거친 밥이어도 꿈같은 곳이지만 추사 선생에겐 하늘이 얼어붙고 땅이 갈라지는 고통의 땅이었다.
"그림이 전해 오지 않아 시만 보았네만 시를 읊으면 늘 머릿속에 소동파가 그린 그림이 떠올랐다네."
지금 추사 선생의 처지가 소동파가 〈언송도〉를 그리고 시를 쓰던 때와 꼭 같았다. 눈서리에도 굽힘 없는 소동파의 소나무가 추사 선생에게 제주도의 드센 바람을 견디게 해 주고 있을지도 몰랐다. 아니, 푸르른

소나무처럼 견뎌 내리라 마음을 다잡고 있음이 분명했다. 추사 선생은 가만히 눈을 감은 채 시를 음미하고 있었다. 머릿속엔 또 겨울 소나무를 그리고 있음이 분명했다. 허련은 스승의 얼굴을 우러러보았다.

추사 선생은 글씨를 많이 썼다. 어떤 날은 종일토록 앉아 쓰기도 했다. 그런 날이면 허련은 묵묵히 그 옆에서 먹을 갈았다. 추사 선생은 가끔 아주 독특한 서체를 연습했다. 글자를 마치 깔아뭉갠 듯한 모양으로 쓰기도 하고, 때로는 획 하나를 글자 밖으로 휙 던져 버리듯이 붓을 뻗칠 때도 있었다. 붓을 놀리는 데에 있어 법칙 같은 것을 마구 부숴 버리는 것 같았다. 허련은 그런 서체에 놀라움과 경이로움을 느꼈다. 새로운 창조를 본 듯 설레기까지 했다.

어느 날 허련은 추사 선생이 글 쓰는 것을 보고 있다가 새로운 사실을 발견했다. 점 찍는 법이었다. 한 장의 종이에 여러 글자를 쓸 때, 점을 찍을 때마다 변화를 주어 모두 다른 모양으로 찍는 것이었다. 가로획처럼 옆으로 늘여서 찍기도 하고 뭉툭하게 궁굴리기도 하고 활처럼 둥글게 휘어 찍기도 했다. 한 글자에 여러 개의 점을 찍어야 할 때도 각각 모양이 다른 꼬마 점을 찍었다. 점 하나하나에 각자의 세상을 마련해 주고 있는 듯했다.

허련은 추사 선생의 서체를 연습했다. 붓이 닳도록 쓰고 또 썼다. 추사 선생이 열어 보인 오묘한 세상을 허련도 여는 듯한 기쁨이 솟았다.

추사 선생이 허련의 그림에 호평을 하는 일이 조금씩 늘었다. '음.' 하다가 '제법이군.' 하다가, 웃음을 머금고 고개를 끄덕여 주기도 했다. 그럴 때마다 허련은 날듯이 기뻤다. 자신의 그림이 날로 늘고 있음을 스스로도 깨닫고 있었다. 한번은 추사 선생이 말했다.

"이제 자네의 그림에 자네가 보이는군."

"그렇습니까, 스승님?"

허련은 세상을 얻은 듯했다.

어느 날 추사 선생은 한양으로 보내는 편지 말미에 요즘 세상에 보기 드문 그림이니 허련의 그림을 모쪼록 많이 사두라는 말을 덧붙였다. 그러고는 허련을 돌아보며 말했다.

"아마도 이 사람은 나중에 나에게 크게 고마워할 걸세. 허허허."

허련은 스승에게 인정을 받고 감격했다. 한번은 초의 선사에게 이런 편지도 썼다.

"날마다 허련에게 시달림을 받아 병든 눈과 병든 팔을 애써 견디어 가며 붓을 들고 있다네. 그렇게 쓰고 그려서 만들어 놓은 화첩이 상자에 차고 바구니에 넘치고 있네."

허련의 격려와 재촉 덕분에 그림을 많이 그렸다는 것을 날마다 시달렸다고 돌려 말한 것이었다. 허련은 그 글을 읽고 속으로 눈물을 흘렸다. 자신에게서 작게나마 위로를 받은 스승에 대한 고마움과 보람 때문이었다.

허련은 두 번째 방문에서 일곱 달을 머물렀다.

삼 년 후, 허련은 한 번 더 추사 선생을 만나러 제주도로 가는 배에 올랐다. 세 번째 길이었으나 뱃길은 여전히 멀고 힘들었다. 출렁이는 배와 함께 흔들리면서 허련은 추사 선생의 유배가 이렇게 길어지는 것에 대해 슬픈 마음이 들었다. 이러다가 영영 못 나오는 게 아닌가 하는 불안이 일어 마음이 무겁기도 했다.

추사 선생의 얼굴은 지난번보다 더 수척했으나 훨씬 평화로워 보였다. 체념으로 초조함이 없어졌고 느긋한 기다림으로 분노가 사라져 있었다. 글과 그림 또한 깊어져 있었다.

지난번처럼 추사 선생과 허련은 새로 부쳐 온 그림과 시를 함께 논하고 각자 글을 쓰고 그림을 그렸다. 산수화뿐만 아니라 난초, 국화, 매화, 모란 등도 즐겨 그렸다. 추사 선생은 허련의 그림이 더 좋아졌다며 기뻐했다. 추사 선생은 특히 산수화에 칭찬을 아끼지 않았다.

"붓질에 힘이 넘치고 기운이 가득하구나. 뭍에서 착실히 연마를 했군 그래. 특히 마른 붓 사용은 최고야."

"제가 그림 말고 무엇을 하겠습니까?"

"그림뿐인가? 서예와 시도 수준급이네, 허허허. 몽당붓을 아주 거칠고 힘차게 사용하는군."

그즈음 허련은 몽당붓을 자주 사용했다. 몽당붓은 털이 긴 붓과는 또 다른 느낌의 붓 자국을 남겼다. 가늘고 긴 털이 다 닳아 무뎌진 몽당붓만이 표현할 수 있는 다른 세계가 있었다. 허련은 화면 곳곳에 푸르스름한 담채를 사용하여 자신만의 그림 세계를 펼쳤다.

어느 날, 허련의 그림을 한참 보던 추사 선생이 조용히 말했다.

"이제 압록강 동쪽에는 이만한 그림이 없다고 보네."

허련은 화들짝 놀랐다. 추사 선생의 말은 곧 허련이 조선에서 최고라는 뜻이었다.

"어찌 그런 말씀을 하십니까? 과분합니다."

추사 선생은 고개를 저으며 환하게 웃었다. 허련은 가슴이 벅찼다.

세 번에 걸쳐 죽음을 무릅쓰고 방문한 제주도에서 허련은 추사 선생과 더없이 친밀해졌고, 그림과 글씨 또한 성큼 늘었다. 특히 추사 선생만의 독특한 서체를 그 옆에서 충분히 연습할 수 있는 귀한 시간이었다. 추사 선생도 허련의 추사체를 인정할 정도가 되었으니 허련은 이제야말로 자신이 추사 선생의 진정한 제자가 되었다고 생각했다.

마고할미의
손톱

"할아버지의 스승님은 어떻게 생기셨어요?"

아이가 정말 궁금한지 무릎을 당겨 앉으며 물었다. 허련은 아이가 추사 선생에게 관심을 가져주어서 좋았다.

"음……."

허련 영감은 머릿속에 스승의 얼굴을 떠올렸다. 추사 선생은 풍채가 뛰어나고 눈매가 부드러웠다. 그러나 어떤 주장을 할 때는 매섭고 날카롭게 변해 사람들이 무서워할 정도였다.

"보여 주랴?"

"그림요? 스승님을 그린 게 있어요?"

"그래, 있지."

허련은 아직도 스승의 초상화를 그린 날을 또렷이 기억했다. 제주도에서였다.

　며칠째 봄비가 추적추적 내리던 날이었다. 비바람에 목이 긴 수선화 몇 줄기가 쓰러졌다. 추사 선생이 삿갓을 머리에 쓰고 담장에 붙어 핀 수선화를 일으켜 세웠다. 제주도에서는 흔해 빠져 귀한 대접받지 못한다는 수선화를 추사 선생은 여전히 귀하게 여기며 사랑했다.

　"한양에서 사랑하던 꽃을 제주라 해서 홀대하겠는가? 나에게는 어디에 피어 있든 귀한 꽃이라네."

　허련은 빙긋 웃었다. 그런 모습의 스승이 좋았다. 그래서 나가서 돕지도 않고 혼자 수선화를 일으켜 세우는 걸 보고만 있었다. 그 모습은 마치 허련이 처음 본 소동파의 초상화 〈동파입극상〉을 닮아 있었다.*

　수선화 두어 송이를 들고 방으로 들어온 추사 선생은 꽃을 매만져 화병에 꽂았다. 한참을 보고 있던 추사 선생은 화선지를 방바닥에 깔았다. 허련이 얼른 옆에 꿇어 앉아 먹을 갈았다. 추사 선생이 붓을 들자 순식간에 수선화가 화선지 위에서 피어났다. 추사 선생은 빈자리에 시를 써 넣었다.

　　한 점의 겨울 마음 송이송이 둥글어라
　　그윽하고 담담하고 영롱하게 빼어났네
　　매화가 기품이 높아도 뜰을 못 면했는데

---

*　허련은 나중에 〈동파입극상〉을 본떠 〈완당선생해천일립상〉을 그렸다.

맑은 물에서 참으로 해탈한 신선을 보네.

허련이 시를 읽고 싱긋 웃었다.
"왜 웃나?"
"수선화가 그렇게 좋으세요?"
"아무려면 이곳의 거친 바람을 좋아하긴 좀 어렵지 않나?"
"예, 그렇지요."
허련은 추사 선생과 함께 웃었다. 그 웃음이 좋아 그날, 허련은 스승의 초상화를 그렸다. 얼굴을 자세히 그린 상반신 그림으로 평온하고 여유로운 얼굴의 초상화였다. 추사 선생이 고개를 내저었다.
"미소라니, 자네 눈에는 아직 내 미소가 보이는가?"
허련이 빙긋 웃었다.
"스승님 얼굴 그대로인데요? 아닙니까?"
"미소가 보인다니 참으로 다행스럽고 고맙구먼그래. 비록 귀양지에 서지만 이 얼굴로 살도록 애쓰겠네. 아니면 자네 그림이 거짓이 되지 않겠나? 허허허."
추사 선생이 호탕하게 웃었다. 그림 속의 얼굴처럼 밝았다. 추사 선생이 혼잣말처럼 덧붙였다.
"자네 인물화 솜씨도 감히 따를 자가 없겠군."
허련에게는 그 말이 천둥소리처럼 크게 들렸다. 매우 흡족하다는 뜻이었다.

허련 영감은 벽장에 곱게 말아 둔 초상화를 꺼내 왔다. 그림을 펼치자 아이가 소리를 질렀다.

"어? 나 이 할아버지 본 적 있어요."

"뭐라고? 네가 어디서 이분을 뵈었단 말이냐?"

"모르겠어요. 근데 본 적 있어요. 아주 옛날에 봤어요."

"옛날에?"

허련 영감은 기가 막혔다. 이 아이에게 옛날이면 언제란 말인가? 모르긴 해도 추사 선생이 세상을 뜬 뒤에 태어났을 터이다. 이 맹랑하고 귀여운 아이는 그냥 수염 긴 노인들을 다 비슷하게 보고 있는 모양이었다. 허련 영감은 장난기가 돌아 맞장구를 쳐주었다.

"그러냐? 알겠다. 네가 아주 훌륭한 분을 뵈었구나."

"예, 그때는 이렇게 훌륭한 분인 줄 몰랐어요."

"어허허허, 아이고 이 녀석아! 그래 이제 알았으니 좋겠구나. 어허허허!"

허련 영감은 허리를 꺾으며 웃었다. 얼마나 웃었는지 눈물까지 찔끔 나왔다. 아이가 멀뚱멀뚱 허련 영감을 보았다.

"이분은 어떤 그림을 그리셨는데요? 이분이 그린 그림 볼 수 있어요? 글씨는요?"

"여기 이 위에 걸린 게 스승님의 글씨지."

허련 영감이 방문 위에 걸린 현판을 가리켰다.

"아아."

아이는 진지하게 물은 것치고는 그냥 건성으로 고개를 끄덕였다. 글자를 모르는 모양이었다.

"〈소허암〉이다. 스승님께서 '소치 허련의 집'이라고 써 주신 것이지."

"소치요?"

"이놈아, 내가 소치다."

"아, 예."

아이가 고개를 끄덕였다. 역시 건성이었다. 허련 영감은 방 안의 벽에 걸린 글씨 〈留齋(유재)〉를 보라고 하려다가 말았다. 어차피 아이가 알아먹지도 못할 글이었다. 그것은 추사 선생이 제주에서 쓴 글씨를 모방하여 허련 영감이 똑같이 쓴 글씨였다. 허련 영감은 그것을 쓸 때의 추사 선생의 깊은 눈매를 잊지 못했다.

어느 날, 날이 화창한데도 종일 방 안에만 있던 추사 선생이 해가 기울 때쯤에야 밖으로 나왔다. 허련은 추사 선생이 깊은 생각에 잠겼으리라 여기고 조용조용 그림을 그리고 있었다. 추사 선생이 종이 한 장을 깔아 보라고 했다. 허련이 종이를 깔고 움직이지 않게 나무로 둥글게 깎은 서진을 종이의 네 귀퉁이에 놓아 눌렀다.

추사 선생은 천천히 붓을 들어 〈유재〉라고 크게 쓰고는 작은 글씨로 계속 써 나갔다.

　남김이 있는 집

기교를 다 쓰지 않고 남겨 자연으로 돌려보내고
녹봉을 다 쓰지 않고 남겨 조정으로 돌려보내고
재물을 다 쓰지 않고 남겨 백성에게 돌려보내고
복을 다 쓰지 않고 남겨 자손에게 돌려보내리.

글씨뿐만 아니라 글의 내용 또한 아름다웠다. 명심보감에 나오는 것으로 누구나 아는 글이지만 지금 추사 선생이 이렇게 쓰고 보니 그 뜻이 더욱 뚜렷해졌다. 수년째 쓸쓸한 유배지에서 성현들의 글을 읽고 먹을 갈고 있는 추사 선생이 아닌가? 추사 선생의 마음에 자리 잡힌 생각이 바로 이것이었구나. 허련은 추사 선생에게 조용히 고개를 숙였다. 훗날 이 글씨 현판이 대궐에 걸려 있는 것을 보고 감격했다.

이 현판에 대해서는 특별한 기억이 있다. 추사 선생이 이 현판을 뭍으로 보냈는데 가져가던 배가 도중에 풍랑을 만나 바다에 빠트리고 말았다. 허련은 그 소식을 듣고 몹시 애석했다. 그것을 쓸 때의 추사 선생의 표정을 잊을 수가 없기 때문이었다. 허련은 해류가 흐르는 것을 파악하여 일본까지 찾으러 갔다. 수소문 끝에 결국 찾아왔는데 훗날 대궐에 걸려 있는 걸 보았으니 어찌 감격하지 않았겠는가?

"그것도 할아버지의 스승님이 쓰신 거예요?"

아이 목소리가 허련 영감을 깨웠다. 돌아보니 아이가 허련 영감을 멀뚱히 보고 있었다.

"그래. 대단한 작품이지."

아이는 〈유재〉 현판을 힐긋 보고는 심드렁하게 눈길을 돌렸다. 대단하다는 말에 영 공감이 안 간다는 표정이었다. 허련 영감이 아이에게 선심 쓰듯 말했다.

"스승님이 그리신 고양이 그림도 있지. 내가 똑같이 본떠 그린 거지만 말이다."

"고양이요?"

아이가 눈을 반짝했다. 허련 영감은 스승의 〈모질도〉를 모사한 그림을 찾아 보여 주었다. 아이가 그림에 바짝 다가앉더니 뚫어지게 보았다. 역시 아이들은 동물을 좋아하는구나 싶었다. 그런데 튀어나온 말은 엉뚱했다.

"아, 저 이 그림 알아요."

"안다고? 어떻게? 본 적 있단 말이냐?"

"예."

"어디서?"

"잘 몰라요. 하여간 알아요."

추사 선생도 본 적 있다더니 〈모질도〉도 그렇단다. 정말 웃기는 아이이다. 허련 영감은 또 장난기가 돋았다.

"그럼, 이 고양이가 무슨 생각을 하고 있는지도 아느냐?"

"그야 뭐, 음, 나비를 찾고 있어요. 훨훨 나는 나비와 놀고 싶어 해요. 나비를 만날 수 있다고 믿고 있어요."

"뭐라고?"

허련 영감은 놀라서 입을 다물 수가 없었다. 이 아이는 〈모질도〉가 고양이와 나비를 그린 그림인 걸 알고나 하는 말인가? 아이는 해맑게 헤헤거리며 웃었다. 제 입에서 나온 말이 바로 고양이를 그린 사람의 마음이었다는 걸 전혀 모르는 모양이었다.

'그럼, 그렇지. 알기는 뭘 알아. 고양이라면 당연히 그런 거 아니냐, 그것도 모르느냐는 표정이구먼. 어허, 참.'

허련 영감은 고개를 가로저으며 놀란 가슴을 쓸어내렸다.

"앗, 나비다!"

아이가 풀쩍 마루를 뛰어내리더니 쪼르르 마당을 가로질렀다.

허련 영감은 나비가 어디 있나 하고 허공을 좇았다. 하지만 나비는 없고 햇살에 눈만 부셨다. 아이는 순식간에 담장 뒤로 사라졌다. 허련 영감은 마당에 내려섰다가 멈추었다. 어른 체면에 아이를 좇아갈 것까지는 없었다.

"야옹!"

돌아서는데 뒤에서 고양이 소리가 났다. 허련 영감은 다시 몸을 돌렸다. 고양이는 보이지 않고 뜻밖에 아이가 담장 위를 살금살금 걷고 있었다. 아이는 균형을 잡느라 양팔을 벌리고 걸었다. 저 좁은 데를, 게다가 아무리 담장이 낮기로 제 키만큼은 되는 것을, 떨어지면 어쩌려고.

"저, 저런! 어서 내려오지 못할까?"

"재미있어요."

아이가 담장에 척 걸터앉더니 허련 영감을 향해 이를 가지런히 드러내고 웃었다. 아이의 웃음이 햇살보다 더 눈부셨다.
"어허, 내려오라니까!"
아이가 가볍게 뛰어내렸다.
"나비는 어쩌고 거길 올라간 게냐?"
"나비가 담장 위로 날아가기에 따라 올라왔지요. 그런데 놓쳤어요. 멀리 가 버렸어요."
아이는 말은 그렇게 해도 별로 애석해하는 것 같지 않았다.
'분명 고양이 소리가 났는데…….'
허련 영감은 슬그머니 담장 밖으로 나가 보았다. 아무것도 없었다. 허련 영감은 갸우뚱했다.
'잘못 들었나?'
아이가 달랑 마루에 걸터앉아 다리를 까불었다. 허련 영감은 아이를 물끄러미 보았다.
'도대체 어찌된 아이인가?'
아이는 담장 위를 몇 번이나 평지 딛듯 오르락내리락했다. 몸이 가벼운 아이라면 그럴 수도 있다 싶지만 고양이와 나비 이야기도 그렇고, 추사 선생에다 〈모질도〉까지 봤다고 하는 걸 생각하면 아무래도 묘한 데가 있었다.
'오늘 내가 유난히 스승님을 많이 떠올리고 있는 탓인가?'
"할아버지가 그린 그림 보여 주세요."

아이가 눈을 말똥거렸다.

"그림 볼 줄 아느냐?"

"눈이 있으니 볼 줄도 알지요."

허련 영감은 큭 웃었다. 맞는 말이긴 했다. 아이는 똘똘한 눈을 가지고 있었다.

허련 영감은 화첩을 뒤적여 하나를 골라냈다. 두 번째 제주도 방문에서 돌아온 뒤 추사 선생의 권유대로 제주도에서 그린 그림을 묶은 『소치화품』이었다. 아홉 장 중 일곱 장은 손가락으로 그린 지두화였다. 화첩을 차례차례 들추니 산수화들이 나타났다. 허련 영감은 그중에서 제주 관아와 성을 그린 그림을 아이 앞에 펼쳐 보였다.

"자, 이걸 봐라. 무엇으로 그린 것 같으냐?"

"그야, 붓에 먹물을 찍어 그렸겠지요."

"아니다. 이건 손끝에 먹을 묻혀 그린 거란다."

"손끝으로요? 정말요?"

아이는 화첩을 한참 들여다보더니 고개를 갸웃했다.

허련은 첫 제주도 방문 이후 붓이 아니라 손끝에 먹을 묻혀 그리는 지두화에 골몰했다. 지두화는 손끝의 섬세한 감각으로 그리는 거라 사물의 뚜렷한 형상보다 그리는 사람의 내면세계를 그리는 데에 더 적합했는데 허련은 그 작업에 깊이 끌렸다. 특히 고향 진도나 해남에서 흔히 보이는 거무스름한 현무암의 매력을 지두화로 자주 그렸다. 그런 느낌을 다른 그림 그릴 때에도 응용해 보았는데 꽤 마음에 들었다.
　허련은 두 번째 제주도 방문에서도 여러 풍경을 지두화로 그렸다. 손끝으로 표현한 나무와 돌과 지붕들은 섬세하면서도 힘이 넘쳤다. 추사 선생이 지두화에 관심이 컸다.
　"그림에 들어 있는 흥취가 지두화의 한 경지를 이루어 가는구나. 이것이야말로 거침없는 먹의 유희가 아니겠는가? 누구도 따라오지 못할 오로지 자네만의 그림일세."
　추사 선생은 허련이 그린 지두화에 혀를 내둘렀다. 어느 날은 이렇게도 말했다.
　"마고할미의 손톱을 빌려 온 재주로다."
　허련은 그날 가슴이 터지는 줄 알았다.

　마고할미의 손톱, 허련 영감은 그날 스승이 했던 최고의 찬사를 생각하고 큰 소리로 웃었다.
　"하하하."
　"아이고, 깜짝이야!"

아이가 귀를 막았다.

"갑자기 왜 막 웃고 그러세요?"

"하하하, 너 마고할미의 손톱을 아느냐?"

"마고할미요?"

아이가 심드렁하게 화첩의 종이를 넘겼다.

"야! 용이다! 설마 이것도 손가락으로 그렸어요?"

아이는 그림 하나를 펼쳐 들고 야단이었다. 절벽 아래 파도가 넘실거리는 속에 용이 여의주를 희롱하는 그림이었다.

"그럼. 이 화첩의 그림은 모두 두 번째로 스승을 찾아 제주도에 갔을 때 그린 거란다. 스승님이 이 그림들을 보시고 마고할미의 손톱을 빌려 왔느냐고 그러셨지."

"손으로 세상의 산과 들을 만든 마고할미 말이에요?"

"그래, 스승님이 내 손가락을 그 마고할미의 손가락에 견주셨단 말이다. 손가락 끝으로 용을 잡았다고도 하셨느니라."

"글쎄요, 난 이게 그렇게나 잘 그린 건지 모르겠어요. 손끝으로 그렸다니 신기하긴 하네요."

"예끼, 이놈! 그림 볼 줄을 모르는 놈이로고."

"그림은 별로 본 적이 없는 걸요. 그려 본 적은 한 번도 없고요. 하지만 나비는 잘 봐요."

아이는 엉뚱하게 또 나비 타령을 했다.

"나비가 나비지 잘 보고 못 보는 게 어디 있느냐?"

"나비가 기분이 좋은가, 얼마나 예쁘게 나는가, 온전히 훨훨 나는가, 그런 걸 잘 본다고요."

"뭐? 뭘 본다고?"

허련 영감은 어이가 없어 허헛, 웃었다. 아이가 샐쭉했다.

"할아버지는 나비 볼 줄도 모르면서."

허련 영감은 요 녀석 봐라, 하면서도 영 무시할 수만은 없었다. '온전히 훨훨'이란 말 때문이었다. 온전한 자유로움, 문사들의 마지막 이상향인 그 말의 깊은 뜻을 아이가 알고 썼을 리는 없겠지만 우연이라 해도 이상한 일이었다. 허련 영감은 미심쩍어하면서 물었다.

"너, 온전히 훨훨 난다는 게 무언지 아느냐?"

아이가 냉큼 대답했다.

"온전히가 온전히지 뭐긴 뭐예요?"

허련 영감은 아이에게 그런 걸 물어본 자신이 한심해서 혀를 찼다.

"그래 네 말이 맞다. 온전히가 온전히지 뭐겠느냐? 그런데 나비는 왜 찾는 거냐?"

"그야, 같이 놀려고 그러지요."

아이는 당연한 걸 왜 묻느냐는 표정이었다. 천연덕스런 대답에 허련 영감은 또 당한 기분이었다. 아이는 그러거나 말거나 허련 영감의 그림을 봤다가 제 손가락을 봤다가 하며 고개를 갸웃거렸다. 손가락으로 그렸다는 게 영 믿어지지 않는 모양이었다.

세한도

 허련 영감은 슬그머니 아이를 시험해 보고 싶은 마음이 들었다. 방으로 들어가 추사 선생이 그린 세한도를 찾았다. 물론 허련 영감이 똑같이 베껴 그린 그림이었다.
 추사 선생이 〈세한도〉를 그린 것은 두 번째로 제주도를 찾은 허련이 일곱 달을 머물다가 떠나온 뒤, 여름이었다. 추사 선생은 그 그림을 머나먼 제주도로 청나라의 귀한 책과 그림들을 구해 보내 준 이상적에게 주었다. 훗날 허련은 그 그림을 보고 깜짝 놀랐다. 한여름에 그린, 차디찬 겨울 풍경이었다. 소동파의 〈언송도〉를 읊던 추사 선생에게서 느꼈던 분위기가 고스란히 그림으로 그려져 있었다.
 기다란 집 한 채, 나무 네 그루, 그뿐이었다. 동그란 문 하나가 있는 집은 단순하고 엉성한 선으로만 되어 있고, 가지 끝에만 겨우 잎 몇 개

달고 있는 늙은 소나무와 잎이 듬성듬성 달린, 수종도 알 수 없는 나무 한 그루가 집을 가리고 서 있었다. 쓰윽 쓰윽 무심하게 그린 듯한 잣나무 두 그루는 집과 뚝 떨어져 벌판에 나란히 서 있었다. 눈이 내린 흔적은 없으나 보기만 해도 한기가 느껴질 정도로 황량한 그림이었다.

그러나 그 단순한 그림 안에는 추사 선생의 지독한 쓸쓸함과 굳은 의지가 함께 들어 있었다. 늘 말하던 대로 먹을 옮기기 전에 자신의 내면을 먼저 옮겨 놓은 그림이었다. 허련은 몸서리를 쳤다. 그림 속에는 많은 것들이 들어 있었다. 지독히 사랑했으나 애통하게도 먼저 보낸 아내와 고맙고 그리운 벗들, 고양이, 수선화까지. 그림 하나가 얼마나 많은 이야기를 할 수 있는지, 얼마나 깊은 내면을 담을 수 있는지 놀랍기 그지없었다.

허련은 가슴이 먹먹해지는 기분을 느끼며 어쩔 수 없이 추사 선생의 말을 떠올렸다.

"좋은 글에는 반드시 사람이 있다. 좋은 그림도 마찬가지이다."

〈세한도〉는 온통 추사 선생이었다. 그런데 허련을 놀라게 한 게 하나 더 있었다. 추사 선생은 〈세한도〉를 예전에 허련에게서 배워 간 초묵법만으로 그렸다. 물을 적게 하여 진하게 간 묵을 마른 붓으로 그려 내는 필법, 허련에게 방법을 꼬치꼬치 캐어묻고는 드디어 찾아냈다며 기뻐 어쩔 줄 모르던 그 필법, 허련에게 배웠노라며 여기저기 자랑하던 그 필법만을 사용해 이토록 아프고 그윽한 그림을 그려 낸 것이었다. 허련은 가슴을 쥐어짜는 아픔과 짜릿한 기쁨을 동시에 느꼈다. 허련이 전수한

岁寒图

초묵법이 추사 선생의 마음을 가장 잘 표현할 붓질법이었던 것이다!

추사 선생은 그림에 '세한도'라고 가로로 반듯하게 제목을 썼다. 그러고는 긴 세월 자신이 잘 나갈 때나 못 나갈 때나 변함없이 지극한 호의로 도움을 준 이상적에게 고마운 마음으로 그렸노라고 그 사연을 길게 써 놓았다. 이상적은 추사 선생의 글을 읽고 눈물을 흘렸다고 했다.

허련 영감은 〈세한도〉를 꺼내 들고 마루로 나왔다.

"이 그림 어떠냐?"

아이가 그림을 한참 들여다보았다. 여전히 다리를 까불거리면서였다. 마루 끝에서 달랑거리는 다리를 보고 있자니 허련 영감은 자기가 지금 무슨 쓸데없는 짓을 하고 있는가 싶어 헛웃음이 나오려 했다. 아이가 물었다.

"할아버지가 그리신 거예요?"

"아니, 스승님이 그리신 걸 내가 베껴 그린 것이다."

"그럼, 할아버지가 그리신 거네요."

허련 영감은 아니, 하려다가 말았다. 설명하자니 말이 길어지는 게 귀찮았다.

"나비를 기다리고 있네요."

"나비? 누가 말이냐?"

"여기 집 안에 있는 고양이가요. 나비가 나오면 자기도 나오려고요."

기가 막혀 웃음도 나오지 않았다. 이 엄동설한의 그림에서 나비라니. 그리고 고양이까지.

"이놈아, 풀 한 포기, 꽃 한 송이 없는데 무슨 나비 타령이냐?"
"나비가 오면 풀도 나고 꽃도 피어요."
"풀이 나고 꽃이 피어야 나비가 오지."
"아니에요. 나비가 오면 풀이 나고 꽃이 피는 거예요."
"지금은 겨울이야. 너무 추워서 사람이 밖에도 못 나오고 있어."
"아니에요. 사람은 밖에 나와 있어요. 집에는 고양이밖에 없어요."
"밖에 어디?"

허련 영감은 재미있다 싶어 물었다. 아이가 그림 밖을 가리켰다. 그림의 오른쪽 아래였다.

"요기쯤요. 개울에서 얼음 깨고 있어요. 얼음 속에 물이 흐르고 있거든요. 얼음이 녹는 걸 도와주는 거예요."

허련 영감은 대꾸할 말을 잃고 멍했다. 엉뚱한 것도 정도가 있지 정말 제멋대로 생각하는 아이였다. 그런데 왠지 흥미로웠다.

'스승님이 집 안에 있지 않다?'

〈세한도〉는 겨울 풍경을 그린 그림이다. 허련 영감은 그림 속의 집 안에 추사 선생이 있다고 생각한 적도 없고, 그렇다고 집 밖에 있다고 생각한 적도 없다. 다만 이 황량하고 쓸쓸한 풍경이 유배 중인 추사 선생의 마음을 대변하고 있다고만 생각했다. 소나무가 있는 풍경을 통해 절망 속에서 희망을 놓지 않고 겨울을 견디는 의지를 그린 것이라고 해석했다. 그런데 추운 겨울날 개울에서 물소리가 들리기를 기대하며 얼음을 깨는 추사 선생이라니! 그거야말로 매서운 겨울에도 봄이 올 것을

완전히 확신하고 있는 모습이 아닌가?

 허련 영감은 아이가 가리킨 부근에서 추사 선생이 움직이는 장면을 머리에 그려 보았다. 이내 허리를 굽히고 망치를 들어 얼음 깨는 장면이 선명하게 그려졌다. 문득 〈세한도〉의 풍경이 먼 이상 속의 풍경이 아니라 그냥 일상의 풍경이 되었다. 겨울 한가운데를 지나고 있는, 집과 나무가 있는 풍경이었다. 집 안에는 고양이가 아랫목에 누워 추사 선생을 기다리고 있었다. 아이 말대로라면 나비가 오기를 기다리고 있겠지. 허련 영감은 빙긋 웃었다. 추사 선생이 정말 얼음을 깨고 있었다는 생각이 들었다. 그 겨울 차가운 제주도의 바람을 견디며 봄을 기다리는 추사 선생, 두 귀를 열고 얼음장 아래로 물소리를 듣는 추사 선생의 모습이 바로 〈세한도〉가 아닌가?

 "그런데 아직도 스승님은 먹을 갈고 있나요?"

 아이가 물었다.

 "응?"

 허련 영감이 생각에서 화들짝 깨어났다. 아이가 조금 더 크게 말했다.

 "스승님이 아직도 먹을 갈고 있나요? 먹을 하도 갈아서 벼루에 구멍을 냈다면서요?"

 허련 영감은 한참동안 대답 없이 아이를 보았다. '돌아가신 지 오래다.' 하는 말을 입에 담기 싫은 건 무엇 때문일까? 먹을 갈지 않는다는 말은 추사 선생에게 어울리지 않는 말이었다. 허련 영감이 대답했다.

 "그러실 게다."

그럴 것이었다. 추사 선생은 어디에 있든 먹을 갈고 붓을 들고 있을 것이었다. 허련 영감은 갑자기 가슴을 움켜잡았다. 그리운 마음이 울컥 솟아올랐다. 가슴이 에이도록 그립고 그리웠다.

"아아, 스승님!"

허련 영감은 통증을 느끼면서 문득 죽기 전에 꼭 할 일이 있다는 걸 깨달았다. 조선 땅 여기저기에 추사 선생의 글씨가 무수히 남아 있지 않은가?

'스승님의 글씨를 찾아 모두 탁본을 해야겠다!'

이제 가슴이 뛰었다. 아픈 게 아니라 설렜다.

"할아버지! 어디 아프세요?"

"아니다. 스승님 생각이 나서 그랬다. 이제 괜찮다."

아이가 허련 영감을 멀뚱히 보았다. 대답을 요구하고 있었다.

"허허, 스승님하고 같이 할 일이 생각났다. 너, 탁본이라고 아느냐?"

허련 영감의 목소리가 떨렸다.

"몰라요."

"스승님 글씨로 새긴 현판이나 비석 등에 종이를 대고 붓질을 해서 본을 뜨는 거란다. 그러면 스승님의 글씨를 그대로 살릴 수가 있지."

"그런 걸 왜 하시는데요?"

그런 거라니, 말하는 게 영 마뜩찮았지만 아무것도 모르는 애를 탓할 수는 없었다.

"그걸 모아 책을 만들려고 한다. 스승님의 글씨가 후대에까지 전해

지고 많은 사람들이 감상할 수 있을 게다. 스승님은 글씨로 영원히 사시는 거지."*

아이는 무슨 소린지 알지 못하겠다는 듯 멀뚱하다가 불쑥 말했다.

"나비 그려 주세요."

지금 이때에 또 나비 타령이라니, 눈치가 없어도 너무 없는 아이였다. 아이가 재촉했다.

"아까 약속하셨잖아요?"

허련 영감은 속으로 끙, 했다. 이건 뭐, 아예 제 동무 대하듯 하고 있는 게 아닌가?

"참, 물정 모르는 놈이로고."

"나비 못 그리세요?"

실망한 표정인 게 허련 영감의 기분 따위는 아랑곳없었다.

"에이 참, 그려 준다 하시고선."

아이는 그것도 못 그리느냐는 듯 힐긋 흘겨보고는 입을 삐죽였다. 숫제 별거 아닌 그림쟁이 취급이었다. 허련 영감은 기가 찼다. 싫다고 하면 꼼짝없이 못 그리는 게 되고 말 형편이었다. 그렇다고 아이 장단에 맞춰 나비나 그리자니 그것도 마뜩찮았다. 빼도 박도 못하게 된 상황이었다.

"흠흠."

---

* 후일 허련은 스승을 기리는 마음으로 김정희의 글씨를 판각하여 〈완당탁묵〉 등 10여 종에 이르는 『추사 탁본첩』을 만들었다. 이는 김정희의 글을 찾아내고 예술 세계를 후대에 널리 알린 중요한 자료이다.

공연히 헛기침을 하자니 아이가 허련 영감을 흘깃 흘려보았다. 뭐라고 말할 듯 입술을 달싹거렸다. 그동안 떠들었던 게 다 뻥이었느냐는 말이 튀어 나올 낌새였다. 허련 영감이 이맛살을 찌푸렸다. 아이는 입을 쑥 내밀고는 댓돌을 발로 툭툭 찼다.

"흠, 어흠."

허련 영감은 헛기침을 두어 번 더했다. 아이가 슬그머니 일어나더니 흙바닥에 앉았던 것도 아닌데 엉덩이를 툴툴 털었다.

"이놈아."

아이가 몇 걸음 떼다가 시부저기* 돌아보았다.

"한 마리면 되겠니?"

아이가 홱 돌아섰다. 언제 시무룩했느냐는 얼굴로 후다닥 되돌아왔다.

"예. 한 마리면 돼요."

허련 영감은 마루로 올라섰다. 버들고리**에서 종이 한 장을 꺼냈다. 연적의 물을 벼루에 부었다. 아침에 샘물에 가서 떠 온 물이었다. 추사 선생이 그랬다. 종이는 반드시 버드나무나 대나무로 만든 상자에 보관하고, 먹은 그날 새로 떠 온 샘물로 갈라고.

'허참, 이 물로 이 엉뚱한 아이의 나비를 먼저 그리게 되었군.'

"먹을 갈아 보았느냐?"

"아니요. 하지만 갈 수 있어요."

---

* 별로 힘들이지 않고 거의 저절로.

** 키버들의 가지로 걸어 만든 상자로, 주로 옷을 넣는 데 씀.

허련 영감이 아이를 보았다. 한 번도 먹을 갈아 보지 않은 아이였다.

"됐다."

허련 영감은 천천히 먹을 갈았다. 아이가 바싹 붙어 앉아 허련 영감의 손을 신기한 듯 바라보았다. 허련 영감은 눈을 감고 머릿속에 나비를 그려 보았다. 그런데 나비는 떠오르지 않고 추사 선생의 〈모질도〉가 떠올랐다. 눈빛이 형형한 고양이. 허련 영감은 추사 선생이 그린 고양이 머리 위로 나비가 날고 있는 모습을 상상했다. 아까 담장 위에 앉아 있던 고양이가 머릿속에 그려졌다. 고양이가 고개를 돌려 나비를 올려다 보았다. 나비가 고양이 머리 위로 나풀나풀 날았다.

허련 영감은 소매를 걷고 붓을 들었다. 하얀 종이 위에 먹물을 묻힌 붓을 살짝 갖다 대며 나비를 그리기 시작했다. 가벼운 붓질이었다. 나비는 아주 가볍게 날았다. 훨훨, 온전히 훨훨 나는 나비였다.

허련 영감이 붓을 벼루에 놓자 아이가 입을 딱 벌린 채 눈을 반짝였다. 허련 영감은 손을 휘휘 부쳐서 먹을 말렸다. 종이를 조심스레 들어 아이에게 건네자 아이가 보물이라도 되는 듯 양손으로 종이의 양 끝을 잡았다.

"마음에 드느냐?"

"예, 아주 마음에 들어요."

아이가 헤 웃으며 마당 한가운데로 내려섰다. 뜨거운 햇살이 종이 위로 쏟아졌다. 아이는 종이를 제 머리 위로 치켜들며 환히 웃었다. 종이가 바람에 가볍게 흔들렸다. 흔들리는 종이를 따라 나비가 꽃잎 같은 날개를 너울거리며 날았다. 나비는 종이를 빠져나와 허공을 가볍게, 자유롭게 날았다. 허련 영감의 눈이 나비를 따라 움직였다. 나비는 마당 위를 한 바퀴 돌고는 담장 위로 날았다.

　담장 위로 고양이가 나타났다. 아까 그 고양이였다. 고양이는 야옹하고 짧게 울고는 담장 위를 천천히 걸었다. 나비가 고양이 머리 위로 빙글빙글 날았다. 고양이가 나비를 따라 고개를 이리저리 돌렸다. 나비가 허공으로 날아올랐다. 허련 영감은 자기도 모르게 양팔을 벌려 들고 나비를 올려다보았다. 나비가 지붕 위로 날았다.

　멀리 첨찰산이 나비를 받아 안을 듯이 다가왔다. 우람한 산에 듬직한 바위가 나무들을 옆에 끼고 당당하게 자리 잡고 있었다. 바위틈의 작은 나무, 산 중턱의 아기자기한 나무들까지 한눈에 들어왔다. 허련 영감이 평생 그린 산수화가 한꺼번에, 한 그림 속에 담겨 있었다.

"아!"
허련 영감이 신음을 흘렸다.
"온 세상이 내 집 뒤에 있었구나."
허련 영감은 마치 그걸 한평생 찾아다니기라도 한 듯 기쁨에 겨웠다.

찾는 줄도 모르고 찾았던 오롯한 풍경이었다. 마음속에 뭔가가 차오르는 듯했다. 문득 나비가 보이지 않았다. 고양이도 없었다. 맑고 깨끗한 하늘을 이고 첨찰산만 우뚝 버티고 있었다. 아이 생각이 났다.

"애야."

마루와 마당을 휘둘러보아도 아이가 없었다. 언제부터 없었는지도 알 수 없었다.

"인사도 없이 가 버렸나? 고얀 녀석이로고."

허련 영감은 허전했다. 방으로 들어가서도 공연히 한 바퀴 휘둘러보았다. 책상 위에 구멍 난 벼루가 얌전히 놓여 있었다.

산을 품은 부채

허련 영감은 접이 부채를 꺼냈다. 대나무 살에 한지를 여러 겹 붙여서 만든 부채였다. 허련 영감은 부채를 획 펼쳤다. 착! 경쾌한 소리를 내며 부채가 활짝 펼쳐졌다.

마루로 나와 벼루 앞에 앉았다. 벼루에 나비를 그리고 남은 먹물이 아직 흥건했다. 허련 영감은 물을 더 붓고 천천히 먹을 갈았다.

먹을 가는 시간, 허련 영감은 옛날부터 이 시간이 참 좋았다. 어수선한 마음이 정돈되기도 하고 흥분한 가슴이 진정되기도 했다. 무엇보다 종이 위에 그릴 그림을 마음속에 미리 그려 보는 동안 허련 영감을 다른 세상으로 데려다주는 시간이었다.

어린 시절, 마당에 나무 꼬챙이로 그림을 그리는 걸 보고 숙부님이 "네가 그림으로 일가를 이루겠구나." 하며 『오륜행실도』는 솜씨 좋은 사람이 그린 것이니 구해서 보거라"고 했다. 수소문해서 구한 『오륜행실도』의 그림을 얼마나 많이 따라 그렸던가? 예술적 기운이라고는 없던 가문에서 태어나 꿈같이 초의 선사를 만나고, 추사 선생을 만나고, 임금 앞에서 임금의 벼루를 갈아 그림을 그린 화가가 되었다. 숙부님은 그림에 대해서는 『오륜행실도』 정도밖에 몰랐으니 허련이 끼적거린 마당 그림을 보고 대단한 아이인 줄 알고 과장되게 생각했겠지만 세월이 한참 흘러 결과적으로 그 예상은 맞았다.

이제 생각해 보니 어쩌면 숙부님이 그림은 잘 몰라도 꼬챙이를 주워 들고 그림을 그리는 허련에게서 어떤 기운만큼은 알아보았는지도 모르겠다. 허련 영감은 그리는 것이 좋았고, 그림으로 대성하겠다는 숙부님의 말을 믿었고, 학문이 앞서야 그림에 뜻을 넣을 수 있다는 추사 선생의 가르침을 새겼다. 붓보다 정신이 먼저 화선지로 가야 한다는 말을 그림 그리는 기본으로 삼았다.

먹물이 점점 짙어졌다. 아까 한눈에 가슴으로 들어오던 집 뒤 첨찰산의 모습이 머릿속을 가득 채웠다. 추사 선생은 그리기 전에 먼저 마음을 옮겨 놓으라고 했지만 이번에는 풍경이 먼저 마음으로 찾아와 주었다. 그러니 이제 나비 한 마리가 작은 날개로 끌어 주고 간 그 풍경이 허련 영감의 마음을 화선지 위로 데리고 나와 줄 것이었다. 허련 영감은 흡족하게 웃었다. 그리기 전에 미리 이렇게 흡족해 보기는 처음이었다.

허련 영감은 붓을 들어 먹을 푹 찍었다. 물기가 줄어들 때까지 한참 동안 붓을 들고 있다가 종이 위에 찍었다. 한 획 한 획, 거칠고 활달한 붓질이 지나가자 부채에 첨찰산이 담기기 시작했다. 마른 붓질, 추사 선생이 기뻐해 마지않았던 붓질이었다. 산이 품고 있는 바위, 풀포기들까지 부채 안에서 생명을 얻어 일어났다. 지는 해가 서산마루에 걸려 풍경의 빛깔이 속속들이 변할 즈음, 노인 하나가 집으로 돌아오고 있다. 인적이 드문 정자 곁에 고목이 버티고 섰다. 담홍색과 청색이 검은 먹 사이에 어우러졌다.

허련 영감은 잠시 숨을 골랐다. 허련 영감은 그림 속에 들어가 있었다. 이제 자신이 있을 곳을 찾았다. 허련 영감은 다시 붓에 먹을 찍었다. 먹으로 살아난 산 위에 글을 쓰기 시작했다. 스승의 글씨, 추사체로 한 획 한 획 써나갔다. 평생 흠모하고, 닮고 싶어 했던 글씨체였다. 수백 개의 붓이 닳아 몽당붓이 되도록 연습한 글씨체였다.

봄여름 계절이 바뀌는 때가 되면
푸른 풀이 뜰에 무성하고
낙화가 오솔길에 만발하구나
높았다가 낮아지는 새소리에
편안한 낮잠은 절로 오누나
아기 사슴, 송아지와 더불어
우거진 숲과 풍성한 풀밭 사이에 누워
함께 숨을 쉬네
냇가에 발을 담그고 앉아 놀다

집으로 돌아오니

아내와 어린 아들이

대순과 고사리를 다듬고 보리밥을 짓누나

사립문 아래에 지팡이를 세워 놓고

방에 와 앉으니

서산 노을의 자줏빛, 푸른빛이

책상 위를 물들이는구나

소 치는 목동의 피리 소리가 들려오고

앞 시내엔 달이 흐르고 있으리라.

* 〈선면산수도〉는 소치 허련이 쉰아홉 살에 운림산방의 여름 저녁 풍경을 그린 그림이다. 부채 중앙에는 우뚝 솟은 산을 그려 넣고 아래에는 집과 나무를 묘사했다. 산수화와 글씨가 돋보이는 소치 허련의 대표작이다.

허련 영감이 붓을 놓았다. 이마에 땀이 송골송골 맺혔다. 언제 왔는지 아이가 아직 먹물이 채 마르지 않은 부채를 들여다보았다. 반가웠다.

"그래, 안 갔구나."

허련 영감이 빙긋 웃었다.

"어떠냐? 나도 스승님만큼 괜찮은 화가가 아니냐?"

"예, 할아버지. 정말 훌륭한 화가세요."

아이가 헤, 웃고는 조심조심 부채를 들었다. 허련 영감은 그대로 두었다. 아이가 허련 영감을 향해 부채를 설렁설렁 부쳤다. 산바람이 통째로 불어오는 듯했다.

"아이고, 시원하구나."

부채 바람이 솔솔 불어오자 눈이 가물가물 내리 감겼다. 허련 영감은 마루에 비스듬히 누웠다. 편안했다. 참으로 오랜만에 맛보는 온전한 편안함이었다. 지체 높은 사람들, 내로라하는 사람들이 다투어 그림을 청하던 일들이 스르륵 지나갔다. 임금 앞에서 임금의 벼루에 먹을 갈아 그림을 그리던 일도 아득하게 떠올랐다. 대원군도 붙잡아 놓고 그림을 그리게 한 허련 영감의 그림 솜씨였다. 참으로 뿌듯한 일들이었다. 그런데 지금 이 마루, 이 자리가 그런 것들보다 훨씬 더 좋다 싶었다.

그림에 미치고 학문에 목말라서 먹으로 양식을 삼아 살아온 세월이었다. 그러나 그뿐이었는가? 아니었다. 알고 보면 젊은 날, 세상에 인정받으려고 얼마나 애썼던가? 조선 땅 끄트머리 한 귀퉁이에서 까마득한 조선의 중심부를 바라보며 욕심냈었다. 고향과 가족을 던져두고 무수히

오르내렸던 한양길, 사대부가의 높디높은 솟을대문 앞에 서면 어쩔 수 없이 위축되던 자신의 모습에 울컥한 적도 많았다. 그 욕망을 추사 선생은 탓하지 않고 받아 주었다. 욕망해야 이룰 수 있다며 격려해 주고, 기꺼이 디딤돌이 되어 주었다.

'스승님!'

허련 영감은 가만히 추사 선생을 불러 보았다.

"압록강 동쪽에 너만 한 사람이 없다."

바람결에 추사 선생의 목소리가 들렸다. 아무나 제자 삼지 않는다고 인색하게 굴던 추사 선생이었으나 결국 최고의 칭찬을 해 주었다.

"하하하, 네가 나보다 낫구나."

추사 선생이 껄껄껄 웃었다. 허련 영감은 기분이 아주 좋았다.

"그래, 스승의 칭찬 하나면 충분하지 않은가? 내 스승이 누구신가? 바로 추사 김정희 선생 아니신가! 하하하."

문득 눈을 뜨니 담장 위에서 고양이가 허련 영감을 빤히 보고 있었다. 고양이 머리 위로 나비가 날았다. 고양이가 고개를 돌리며 나비를 좇았다. 고양이 눈이 기쁨으로 반짝였다. 〈모질도〉였다!

"아!"

벌떡 일어난 허련 영감은 신음 소리를 내며 고양이처럼 나비를 따라 고개를 돌렸다. 나비는 하늘을 날았다. 온전히 자유롭게 훨훨. 허련 영감이 말했다.

"스승님, 스승님의 〈모질도〉에 나비는 제가 그렸습니다. 좋으시지

요?"

추사 선생이 고개를 끄덕였다. 제주도에서 허련 영감이 그린 추사 선생의 얼굴이 입꼬리를 슬쩍 올리며 웃었다.

"그래, 자네가 그려 주었구나, 내 나비. 고맙다."

"이제 저를 제자로 받아 주시렵니까?"

"그날, 초의 선사의 편지를 들고 온 날부터 나는 너를 제자로 삼았다."

"정말이십니까?"

허련 영감이 환히 웃었다.

"스승님. 이제 훨훨 온전히 날고 계십니까?"

허련 영감이 아이처럼 해맑게 웃었다. 연못에서 부드러운 바람이 불어왔다. 배롱나무를 스치고 온 바람이었다. 스르르 기분 좋은 잠이 몰려왔다. 허련 영감은 목침을 베고 다시 누웠다.

"어? 여기에도 구멍 난 벼루가 많아요!"

아이 목소리가 들렸다. 아이가 벽장을 열어 본 모양이었다. 물어보지도 않고 남의 집 벽장까지 열어 제치다니 정말이지 예의라고는 없는 아이였다. 아무리 빼꼼 열려 있었다고는 하지만 그래도 그렇지, 도둑고양이도 아니고 벽장까지 들어갈 건 뭔가?

"하나, 둘, 셋, 넷…… 우와, 열 개도 넘어요!"

허련 영감이 돌아누우며 중얼거렸다.

"그건 내가 뚫어 먹은 벼루다, 이놈아."

"어? 몽당붓도 한가득이에요!"

허련 영감은 기분 좋은 낮잠에 빠져들었다. 그래서 '내가 다 닳아 없앤 붓이다, 이놈아.'라는 뒷말은 입 밖으로 나오다가 그냥 잦아들었다. 벽장에서 야옹, 하는 고양이 소리가 희미하게 들렸다.

깊이 보는 역사
그림 이야기

스승을 찾아내고 스스로 제자가 되는 것, 결국 제자가 되고 안되고는 허련에게 달렸다는 말 아닌가? 그렇다면 이제 허련은 추사 선생의 제자였다. 스승은 이미 찾았다. 이곳에 남아 그의 제자가 될 것이다. 허련이 찾아야 할 것은 어떻게 제자가 되느냐 하는 것이었다.

서로의 길을 열어 주다
김정희와 허련

　김정희는 당시 조선 최고의 문인이자 존경을 받은 예술가로 한양에 살고 있었어요. 허련은 한양에서 멀리 떨어진 섬에서 실력을 키워 온 이름 모를 청년이었지요. 그렇지만 김정희는 허련의 자질을 높이 평가하여 자신의 집에 머물게 하면서 서서히 견문을 넓히고 실력을 쌓아 갈 수 있는 길을 열어 주었어요. 허련은 김정희의 배려를 감사히 여기며 벼루에 구멍이 날 정도로 열심히 노력했어요.

　그런데 뜻하지 않은 일이 생기면서 스승은 오히려 제자 덕분에 용기를 얻고 다시 활동할 수 있는 힘을 얻게 되어요. 김정희가 멀리 유배를 떠나 병들고 외로운 상황에 처하자, 허련이 기꺼이 위험을 무릅쓰고 스승을 찾아뵙고, 그곳에서 함께 지내며 힘이 되어 준 거예요. 덕분에 김정희는 최고의 걸작을 남기고 허련은 훗날 최고의 화가로 거듭나게 된답니다. 스승과 제자로 만난 두 사람은 서로에게 힘이 되어 주며 평생을 함께하며 새로운 길을 열어 갔어요.

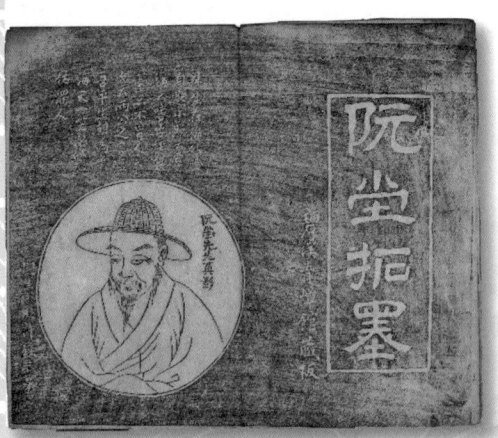

▲ 허련이 직접 김정희의 작품을 탁본하여 묶은 『추사 탁본첩』이에요. 표지는 허련이 김정희의 모습을 그려 나무에 새긴 뒤 탁본했어요.

조선 시대 그림의 발달

김정희와 허련은 조선 후기 남종화의 전성기를 열어 갔던 핵심적인 인물이었어요. 남종화는 학문이 깊은 문인들이 자신의 인품을 담아 그리는 그림이어서 문인화라고도 불러요.

김정희는 그림을 그리고 글을 씀에 있어 가장 중요하게 여긴 것이 있었어요. 바로 학문과 독서를 통해 지혜와 인품을 먼저 키우는 것이었지요. 그래서 김정희는 허련에게 그림을 잘 그리기에 앞서 견문을 넓힐 것을 강조했어요. 먼저 여러 대가들의 작품을 익혀 풍부한 지식을 갖추고, 책을 많이 읽어 교양도 쌓아야 제대로 된 그림을 그릴 수 있다고 생각했던 것이지요.

스승의 가르침을 온전히 받아들인 허련은 이후 고향인 진도로 내려가 운림산방에 머물면서 제자들에게 남종화를 가르쳤어요. 맑고 깊은 문인으로서의 인품과 학문적 소양을 중요하게 여긴 허련의 화풍은 아들인 허형, 손자인 허건, 그리고 현대 수묵 산수화의 대가로 불리는 허백련에게까지 이어져 우리나라 미술 발전에 큰 영향을 끼쳤답니다.

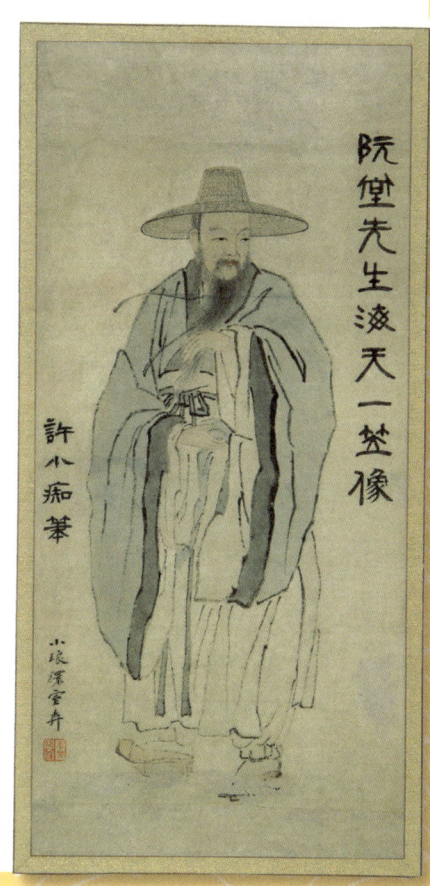

▲ 허련이 그린 〈완당선생해천일립상〉으로, 김정희가 제주도에 유배를 갔을 때의 모습을 담았어요.

〈완당난화〉

이 그림에는 김정희와 수선화가 나와요. 김정희는 겨울을 견디고 꽃을 피우는 수선화를 '그윽하고 담담한 기품이 냉철하고 빼어나다'며 아꼈어요. 뜻하지 않게 유배를 떠난 김정희는 유배지에서 수선화를 보면서 겨울 추위 같은 유배 생활을 견뎌 낼 수 있는 용기를 얻었어요. 이런 김정희의 마음을 잘 알고 있는 허련은 수선화를 함께 그려 넣었지요.

▶ 허련이 그린 〈완당난화〉로, 평소 김정희가 그림을 그리고 글을 쓰던 모습을 담았어요.

〈부작난도〉

김정희는 글씨와 그림이 하나가 되는 경지를 추구했어요. 글씨 쓰듯 난을 그렸고 구도가 잘 맞도록 네 차례에 걸쳐 글을 나누어 썼는데 그 방향과 먹 색깔이 모두 다르지요.

사실 김정희는 〈부작난도〉를 그리기 전까지 이십여 년간 난을 그리지 않았어요. 그림 그리기 역시 학식과 견문이 쌓이고 수양이 되어야 그릴 수 있다는 엄격한 정신이 있었기 때문이지요. 그렇게 긴 세월 동안 수양을 거친 김정희는 붓을 들자마자 단번에 이런 명작을 남겼답니다.

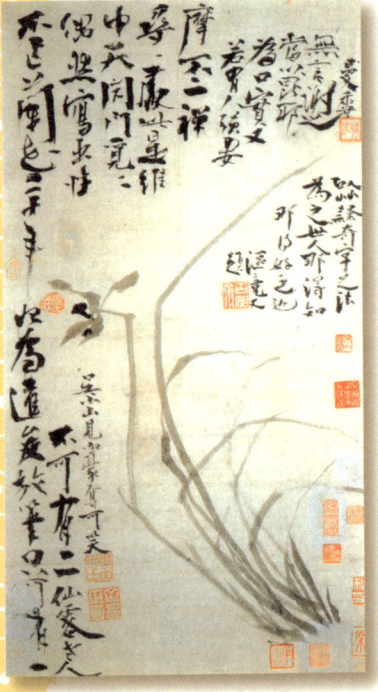

▲ 〈세한도〉와 함께 김정희의 대표작으로 손꼽히는 〈부작난도〉예요.

〈묵모란도〉

허련은 '허모란'이라는 별명이 있을 만큼 모란도를 많이 그렸어요. 꽃봉오리만 있는 모란, 막 피기 시작한 모란, 활짝 핀 모란, 활짝 피었다가 지는 모란 등 여러 모습의 모란을 먹이 번지는 효과를 사용하여 그렸지요.

▶ 허련이 그린 『소치묵묘첩』에 있는 〈묵모란도〉예요.

〈괴석〉

허련은 스승 김정희의 그림뿐 아니라 글씨에 대한 연구도 많이 했어요. 이 그림 속에 있는 글씨는 김정희 서체의 영향을 받고 쓰여져 있지요. 이런 내용이 담겨져 있어요.

"푸른빛 감도는 주먹만 한 돌, 동해에 사는 그 누가 소매 속에 넣었는가. 돌 그림은 구름과 같이 먹이 종이에 닿으면, 바로 구름이 되어 영롱해지네."

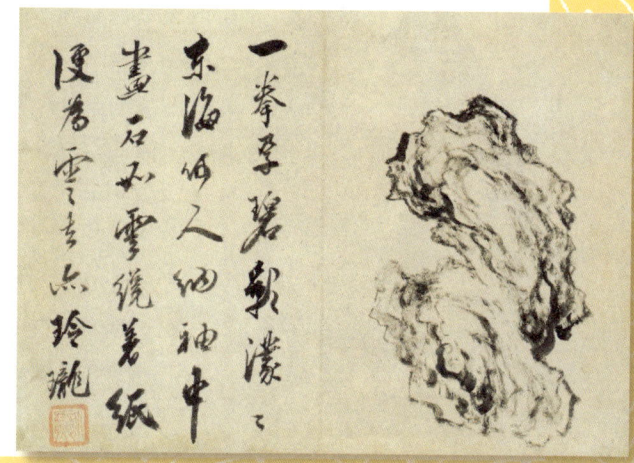

▲ 허련이 그린 〈괴석〉으로, 먹만으로 한 덩어리의 거칠고 단단한 바위를 그린 허련의 예술적 표현이 잘 드러나 있는 작품이에요.

한결같은 제자의 마음을 담아 마련한 최고의 작품, 〈세한도〉

〈세한도〉는 김정희의 최고 걸작이자 우리나라 문인화의 최고봉이라 평가받는 그림이에요. 1844년 김정희는 제자인 이상적에게 세한도를 그려 주면서 "날이 차가워진 연후에야 소나무와 잣나무가 뒤늦게 시드는 것을 알게 된다."는 공자의 글을 적어 주었어요. 김정희는 유배 생활을 하는 어려움 속에서도 소나무와 잣나무처럼 한결같이 스승을 위해 애쓰는 제자의 마음 씀씀이를 고마워하며 쓴 것이에요. 사람들은 〈세한도〉를 보면서

문인의 향기와 인품으로 제자를 키운 김정희

김정희는 어려서부터 신동이라는 소리를 들을 정도로 기억력이 뛰어나고, 일찍 글을 깨치며 주변의 기대를 많이 받았어요. 글씨와 그림에 대한 열정으로 관직도 미루고 공부에 매진했지요. 김정희는 청나라에 가서 평생 마음으로 모시는 스승인 대학자 옹방강과 완원을 만나게 되어요. 이 스승들과의 만남을 통해 김정희는 넓은 세상에 대한 안목을 키웠고, 청나라의 학문을 받아들여 조선을 발전시켰어요.

글과 그림에서 뛰어난 활약을 펼치며 조선 최고의 문인으로 손꼽히던 김정희는 뜻하지 않게 유배를 당하게 되어 제주도로 내려가게 돼요. 하지만 그곳에서 죽음의 위기를 넘기며 찾아온 허련과 예술혼을 꽃피우며 견뎌내지요.

▲ 당대 최고의 화원인 이한철이 그린 김정희의 초상화예요.

뛰어난 그림과 글에 새겨진 깊은 의미를 떠올리며 지금도 큰 감동을 받고 있답니다.

스승에게 드넓은 세상을 배워 예술 세계를 만들어 간 허련

▲ 〈세한도〉에는 오래도록 서로를 잊지 말자는 뜻이 적혀 있어요.

허련은 전라남도 진도라는 섬에서 태어나 제대로 된 미술 교육을 받은 적이 없었어요. 그러던 어느 날 초의 선사의 추천으로 평생의 스승인 김정희를 만나게 되면서 진정한 예술에 대해 알게 되지요.

하지만 김정희가 제주도로 유배를 가면서 허련은 큰 위기를 맞게 되어요. 하지만 허련은 목숨을 걸고 바다를 건너 스승을 찾아뵙기 위해 몇 차례나 길을 나서요. 그곳에서 허련은 김정희에게 많은 가르침을 받아 조선 최고의 화가로 우뚝 섭니다.

스승 김정희는 "압록강 동쪽에는 이만한 그림이 없다"며 허련의 뛰어난 실력을 칭찬했어요. 널리 이름이 알려진 허련은 헌종의 부름을 받아 〈설경산수도〉를 그려 큰 칭찬을 받고 당대 유명 인사들과 만남을 이어 갔어요. 그 후 허련은 고향인 진도로 내려가 운림산방을 열고 후학들에게 그림과 글 등을 가르치면서 우리나라 그림의 새로운 역사를 써 내려갔답니다.

함께 이루는 아름다운 순간

김정희

- **1786년** 충청도 예산에서 태어남.
- **1809년** 중국 연경으로 수행길에 오름. 중국 학자들과 교류를 시작함.
- **1816년** 김경연과 북한산에 올라 진흥왕 순수비를 확인함.
- **1819년** 문과에 급제함.
- **1836년** 성균관 대사성이 됨.

1790년 — 1800년 — 1810년 — 1820년 — 1830년

허련

- **1808년** 전라도 진도에서 태어남.
- **1835년** 초의 선사를 만나 본격적으로 글과 그림을 공부함.
- **1839년** 초의 선사의 추천으로 김정희 문하에 들어감.

- **1840년**
  탄핵을 받아 문초를 받고 제주도로 유배를 떠남.

- **1841년**
  허련이 제주도에 찾아와 같이 지냄.

- **1844년**
  이상적에게 〈세한도〉를 그려 줌.

- **1848년**
  유배에서 풀려나 한양으로 돌아옴.

- **1856년**
  봉은사 판전 현판을 쓰고 3일 뒤에 세상을 떠남.

| 1840년 | 1850년 | 1860년 | 1870년 | 1890년 |

- **1841년**
  제주도에 있는 김정희를 찾아감.

- **1843년**
  김정희를 만나러 제주도로 건너감.

- **1846년**
  헌종의 명을 받아 직접 그림을 그려 바침.

- **1847년**
  세 번째 제주도 방문. 김정희의 모습을 소동파에 비유하여 〈완당선생해천일립상〉을 그림.

- **1856년**
  김정희의 죽음 이후 고향에 내려와 운림산방을 마련함.

- **1866년**
  〈선면산수도〉를 그림.

- **1867년**
  『소치실록』을 저술함.

- **1877년**
  김정희의 글씨를 판각하여 〈완당탁묵〉 등 『추사 탁본첩』을 만듦.

- **1893년**
  세상을 떠남.

작가의 말

　작가가 한 편의 작품을 쓰고 보면 이 작품이 나에게 오게 된 과정에는 우연과 필연과 인연 등 여러 가지가 작용했음을 깨닫게 된다. 그래서 여기저기 막히는 순간에도 끝까지 포기하지 않고 애태우기도 하고, 느긋하게 던져 놓고 기다리기도 하며 결국 써내게 되는 것이다.

　예술, 특히 그림에 대해 별 조예가 없으면서도 화랑에 들르는 시간을 즐겨하고, 그림과 관련된 책을 사 모으고, 그림을 소재로 한 소설을 즐겨 읽고, 그림에 대한 안목과 지식이 얕은 것에 속상해하던 날들이 모여 결국 붓을 든 두 남자 이야기를 쓰게 되는 인연까지 오게 되었다.

　이 책은 강연 차 들렀던 진도 여행에서 우연히 만난, 소치 허련이 남긴 운림산방에서 작품화의 싹이 텄다. 화랑에서 그림 하나하나의 해설까지 꼼꼼히 보고 나니 어느새 몇 시간이 훌쩍 지나 있었고, 그 시간을 온통 즐겼다는 기쁨이 있었다. 두툼한 화보집을 사 들고 나올 때의 뿌듯함까지 생각하면 마치 내가 그림깨나 볼 줄 아는 사람인 것으로 잠시 착각도 했던 것 같다.

　그러나 나는 작가이다. 그림을 보면서 그림 속의 이야기를 보는 사람이다. 거기에서 소치 허련과 추사 김정희의 인연에 깊은 관심을 갖게 되었고, 스승과 제자 간의 진한 교류에 매력을 느끼면서 천천히 내가 쓰고 싶은 이야기의 방향이 정해졌다. 그림보다 아름다운 관계에 대한 이야기를 찾아내고 거기에 작가의 감성이 작용하면 그림이 문학이 된다.

  사람들이 어떤 인연으로 만나 지적, 정서적 교감을 나누고 성장하는 이야기는 언제 봐도 아름답다. 특히 예술가의 예술적 성취는 내면의 삶에서 우러나오는 것이라서 어떤 사람을 만나 어떤 관계를 맺어 나갔느냐가 더더욱 중요해 보인다. 이 글을 쓰면서 한 사람이 누군가의 진실된 제자가 되고 또 한 사람이 누군가의 진정한 스승이 되어 가는 과정 자체도 예술이 아닐까 하는 생각을 하게 되었다. 그래서 글 속에 소치 허련과 추사 김정희뿐만 아니라, 초의 선사, 이상적, 박제가, 옹방강 등 서로 스승이 되어 주고 제자가 되었던 사람들의 아름다운 이야기도 사이사이에 넣었다.

  이런 관계에 관심을 가지고 주제로 삼은 것을 보면 아마도 이 시대에 우리의 깊이 있는 성장을 위해 몹시도 아쉬운 것 중의 하나가 사제 간의 신뢰와 정이라는 것이 오래전부터 마음속에 깊이 들어 있었던 모양이다. 사람이 만나 정성과 의리로 대하고 서로 성장시켜 주는 이야기를 어린이, 청소년과 나누고 싶었다. 결국 나는 이 이야기를 통해 또 한 번 가슴에 묻어 두었던 주제 하나를 풀어낸 셈이 되었다.

- 2016년 3월 부산 광안리에서
배유안

참고한 책

『소치 허련』, 김상엽, 돌베개, 2008
『추사에 미치다』, 이상국, 푸른역사, 2008
『추사의 마지막 편지, 나를 닮고 싶은 너에게』, 설흔, 위즈덤하우스, 2013
『김정희』, 유홍준, 학고재, 2006
『그림 속에 노닐다』, 오주석, 솔, 2008
『세한도』, 박철상, 문학동네, 2010

사진 제공

아모레퍼시픽미술관 - 〈완당선생해천일립상〉, 소치 허련

*이 책에 실린 사진은 소장하고 있는 곳과 저작권자의 허락을 받아 게재했습니다. 저작권자를 찾지 못하여 게재 허락을 받지 못한 사진에 대해서는 확인되는 대로 허락을 받도록 하겠습니다.

토토 역사 속의 만남

구멍 난 벼루

초판 1쇄 2016년 3월 28일
초판 10쇄 2023년 11월 27일
글 배유안 | **그림** 서영아
기획·편집 박설아
마케팅 강백산, 강지연
디자인 나무디자인 정계수

펴낸이 이재일 | **펴낸곳** 토토북
주소 04034 서울시 마포구 양화로11길 18 3층(서교동, 원오빌딩)
전화 02-332-6255 | **팩스** 02-6919-2854
홈페이지 www.totobook.com | **전자우편** totobooks@hanmail.net
출판등록 2002년 5월 30일 제10-2394호
ISBN 978-89-6496-303-6 74810
       978-89-6496-266-4 (세트)

ⓒ 배유안, 서영아 2016

이 책은 저작권법에 의해 보호를 받는 저작물이므로 무단 전재 및 무단 복제를 금합니다.
잘못된 책은 구입하신 곳에서 바꾸어 드립니다.

제품명: 구멍 난 벼루 | **제조자명:** 토토북 | **제조국명:** 대한민국 | **전화:** 02-332-6255
주소: 서울시 마포구 양화로11길 18, 3층(서교동, 원오빌딩) | **제조일:** 2023년 11월 27일 | **사용연령:** 8세 이상

* KC 인증 유형: 공급자 적합성 확인
* KC마크는 이 제품이 공통안전기준에 적합하였음을 의미합니다.

⚠ **주의** 책의 모서리에 다치지 않게 주의하세요.